Gespräche über die Macht und den Zugang zum Machthaber

关于权力的对话

[德] 卡尔·施米特 著

姜林静 译

东方出版中心

图书在版编目（CIP）数据

关于权力的对话 / (德) 卡尔・施米特著；姜林静译.
— 上海：东方出版中心, 2022.9
ISBN 978-7-5473-2037-2

Ⅰ.①关… Ⅱ.①卡… ②姜… Ⅲ.①权力－研究
Ⅳ.①D033

中国版本图书馆CIP数据核字（2022）第158547号

关于权力的对话

著　　者　[德]卡尔・施米特
译　　者　姜林静
责任编辑　陈哲泓
装帧设计　陈绿竞

出版发行　东方出版中心有限公司
地　　址　上海市仙霞路345号
邮政编码　200336
电　　话　021-62417400
印 刷 者　上海万卷印刷股份有限公司

开　　本　890mm×1240mm　1/32
印　　张　4.375
字　　数　46千字
版　　次　2023年2月第1版
印　　次　2023年2月第1次印刷
定　　价　39.80元

Pl. 8/7 54

Lieber Herr Neske,

1) der Titel dürfte jetzt klar sein; entweder:

Der Zugang zur Macht

oder: Raum und Vorraum menschlicher Macht.

Was gefällt Ihnen besser? Ich neige mehr zum ersten. x) Maß & Macht ist ganz altmodisch, jugendstil-Guardinisch-Rilkisch, mit einem Wort: Kitsch; verzeihen Sie den dummen Vorschlag!

2) Bezeichnung der Gesprächs-Partner:

Frager (ein Jüngerer):

Antwortender (ein Älterer):

dann weiter: (abgekürzt)

F.

A.

3) jetzt habe ich auch ein herrliches Motto:

Seid ihr glücklich?

Wir sind mächtig!

Byron

Das muss richtig plaziert werden, in kleinerem Druck, überlegen Sie doch bitte einmal!

Herzlich Ihr

C. S.

x) oder soll man kombinieren:

Der Zugang zur Macht.

Ein Gespräch über (den) Raum und Vorraum menschlicher Macht

(das wäre 2x Macht im Titel; nicht schön, aber vielleicht doch wirksam), oder:

Raum und Vorraum menschlicher Macht — Ein Gespräch über den Zugang zur Spitze.

spricht mir am besten

卡尔·施米特书信手稿

目录

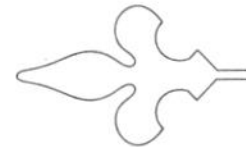

你们是幸福的吗？
我们是有权力的！

拜伦勋爵

与谈者：

J.

提问者：一个晚辈

C.S.

回答者

幕间插曲

可以由某位第三者讲述

J. 在您开始谈论权力之前，我必须先向您提一些问题。

C.S. 请说，J先生。

J. 您自己是否拥有权力呢？

C.S. 这是个十分合理的问题。谈论权力的人应该首先说明一下自己处在怎样的权力处境中。

J. 是的！您是否拥有权力呢？

C.S. 我没有权力。我属于无权者。

J. 这一点值得怀疑。

C.S. 为什么？

J. 因为这样您可能就会先入为主地反对权力。怒气、愤忧和仇恨都是导致错误的糟糕根源。

C.S. 假如我属于当权者呢?

J. 那么您可能就会对权力存有好感。对自身权力及相关论题的兴趣当然也是导致错误的一种根源。

C.S. 那究竟谁有权谈论权力呢?

J. 这可得由您告诉我!

C.S. 我认为,或许还有另一种立场:一种不自私自利的观察和描述。

J. 这可能是第三者的角色,或是某种自由飘然的知识分子角色。

C.S. 知识分子来,知识分子去。我们最好不要从这种附属概念开始。还是先尝试去正确看待一个我们都经历过、承受过的历史现象吧!结果会自明的。

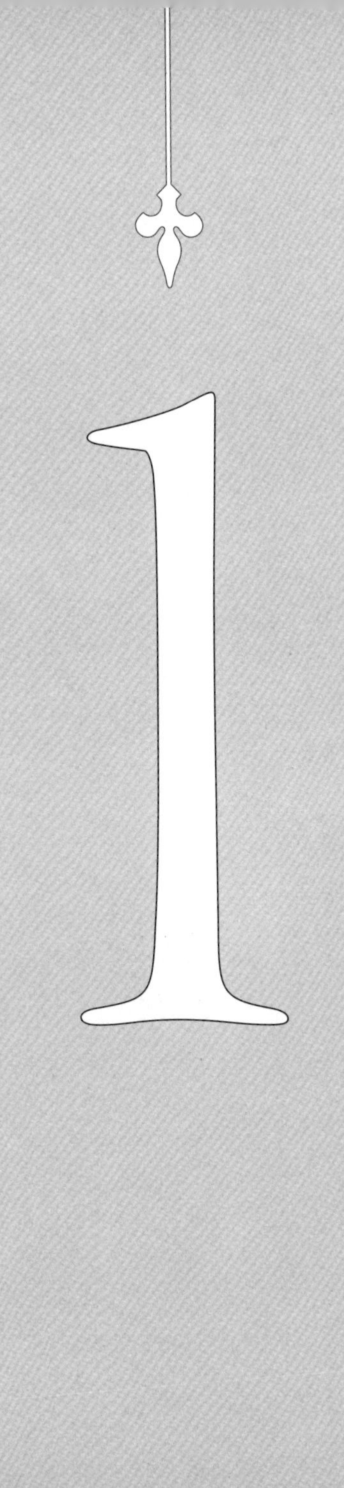

J. 我们所谈论的是人对人所施行的权力，例如斯大林或罗斯福在千百万其他人身上所施行的那种巨大权力，究竟是从何而来的呢？

C.S. 从前人们可能会这样回答：权力要不来自自然，要不来自上帝。

J. 恐怕我们当今世界的权力不再是来自自然的。

C.S. 恐怕是这样的。今天，我们觉得自己是高于自然的。我们不再惧怕自然。只要我们还将自然视为疾病或灾害，并为此闷闷不乐，就会渴望征服自然。人类生来就是柔弱的生物，借助技术获得了对周围世界的控制。人类让自己成为自然以及一切尘世生物的主宰。昔日，自然曾为人类设下各种可以感知到的限制，例如寒冷和炎热、饥饿和匮乏，例如野生动物和各种危险。这些自然限制显然正在消退。

J. 的确如此。我们不用再害怕野生动物了。

C.S. 赫拉克勒斯的行为对今天的我们来说算是很有节制的了；如果今天有一只狮子或狼进入了现代大城市，那最多引起一点交通堵塞，甚至都不一定能引起孩子的恐慌。如今，人在面对自然时感到高高在上，觉得自然保护公园是人自己建造的。

J. 那么上帝呢？

C.S. 至于上帝，现代人类——我指典型的大城市人——同样也觉得上帝正在消退，或是已经从我们中间撤离了。每当出现“上帝”这个字眼时，受过良好教育的普通现代人会自动援引尼采的话：上帝死了。知道得更多点儿的另一些人会援引法国社会学家普鲁东的话，这句话比尼采的超前了四十年：谁说上帝，谁就想骗人。

J. 假如权力既不来自自然，也不来自上帝，那么它到底来自哪里?

C.S. 可能只剩下一种可能了：一个人对其他人所施行的权力来自人类自己。

J. 那倒挺好的。我们都是人类。斯大林是个人，罗斯福也是个人，这里可以填上任何一个人的名字。

C.S. 这听上去的确让人心安。假如一个人对其他人所施行的权力来自自然，那么这种权力要不就是创造者凌驾于其骨肉的权力，要不就是牙齿、犄角、钩爪、蹄子、毒腺等各种自然武器的优势。关于创造者凌驾于其骨肉的权力，我们在此可以忽略，因为人类现在不再是在家族中，而是在医院里出生的。

J. 因此只剩下狼对羔羊的权力。

C.S. 一个拥有权力的人，在面对无权者时可能就像一头狼。而没有权力的人则觉得自己仿佛就是羔羊，直到他自己获得权力，承担狼的角色。拉丁文谚语“人于人而言是一头狼”（*Homo homini lupus*）就证明了这一点。

J. 这太丑陋了！那么假如权力来自上帝呢？

C.S. 施行权力的人就成了神性特质的担负者，他就通过自己的权力感知到某些神性的东西。即使不是人自己，也是人里头出现的上帝的权力，就必须受到崇敬。拉丁文谚语“人于人而言是一个神”（*Homo homini Deus*）就证明了这一点。

J. 这可有些过分了！

C.S. 假如权力既不来自自然，也不来自上帝，那么权力和实施权力所涉及的一切就都仅仅发生在人类之间，我们就是除了我们自己之外别无他物的人类。当权者面对无权者，大能者面对无能者，都仅仅是人面对人。

J. 就是这样：仅仅是人！人对于人来说只是人。

C.S. 这用拉丁文谚语来说就是“人于人而言是一个人”（*Homo homini homo*）。

J. 这是否就是您的最终答案呢？

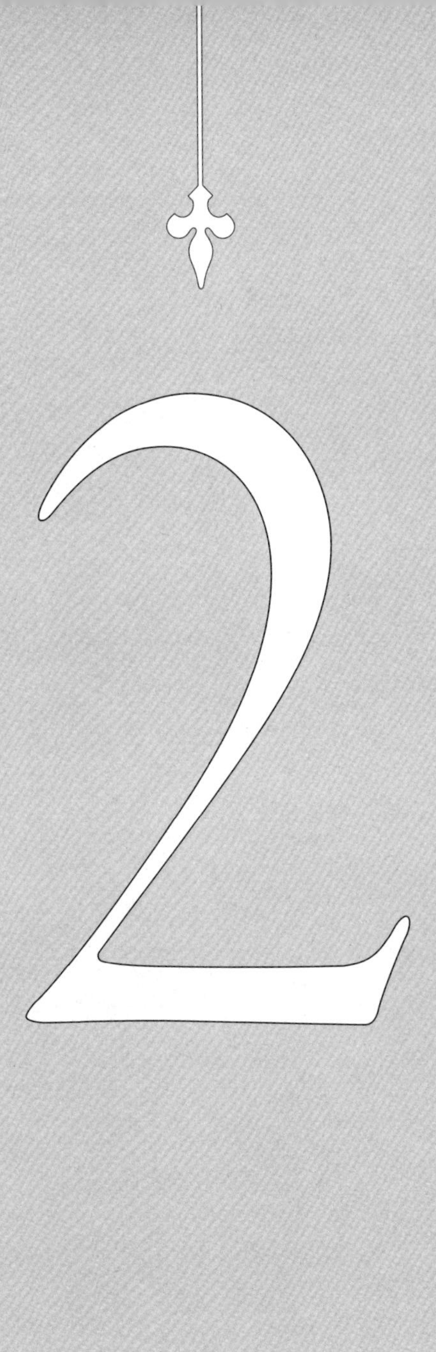

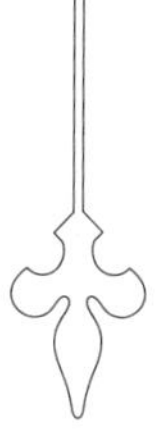

J. 当然，人对于人而言是一个人。唯有通过找到服从一个人的一些人，才有可能获得权力。如果这些人不再服从这个人，那么权力就自动终止了。

C.S. 十分正确。但他们为什么要服从？服从并不是专断的，而总是以某种方式被激发的。人为何会支持某种权力？有些情况是出于信任，还有一些情况是因为害怕，有时是出于希望，有时又是由于绝望。无论是哪种情况，人总需要保护，并在权力中寻求这种保护。从人的角度来看，保护与服从之间的关联是对权力的唯一解释。如果不具备保护的力量，就无权要求他人服从。反之亦然：寻求保护并接受保护者就无权拒绝服从。

J. 如果当权者下达了违背法律的命令呢？那时可能就得拒绝服从了吧？

C.S. 当然！我所谈论的不是某些违背法律的具体命令，而是将当权者与臣服于权力者纳入一个政治统一体的整体境况。情况是这样的，拥有权力的人能够不间断地创造刺激他人服从的有效动机，但这些动机不可能丝毫不存在不道德之处：通过提供保护和有保障的生存，通过教育和相对他人而言稳固的利益。简而言之，共识引起权力，这是正确的，可权力也会引起共识，但绝非在所有情况下都是一种不理智或不道德的共识。

J. 您想就此说明什么呢？

C.S. 我想说的是，当所有臣服于权力之下者都完全支持权力的施行时，权力也还具有某种自身的意义，某种所谓的剩余价值。权力不仅是它所获得的支持者的总和，也不只是其产物。您思考一下，在当今这个细分一切工作领域的社会中，人在多大程度上被固定在社会关系上。我们刚才提到，自然限制正在消退，而社会限制则愈来愈逼近并侵入人类，因此支持权力的动机也就愈来愈强烈。相比查理曼[1]或红胡子腓特烈[2]，一个现代当权者拥有多得多的手段来引发他人对其权力的共识。

[1] 查理曼，也称查理大帝，768至814年法兰克王国的国王。他不仅确保了自己的权力在法兰克王国的稳固性，也通过一系列出征向外扩张，获得意大利伦巴第王位，又将撒克逊纳入法兰克王国领土内，还南征西班牙的伊斯兰国家安达卢斯。公元800年圣诞节，教宗利奥三世加冕他为罗马人的皇帝。（除另有说明和后记外，本书注释均为中译者注。）

[2] 红胡子腓特烈，即腓特烈一世，1152至1190年间的罗马人国王，1155至1190年间神圣罗马帝国皇帝。他也被称为巴巴罗萨（Barbarossa），即意大利语中的“红胡子”，因为他多次率兵入侵意大利。

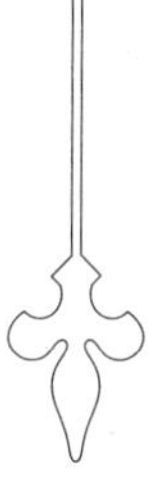

J. 您的意思是，今天的当权者可以为所欲为？

C.S. 恰好相反。我想说的只是，权力有其自主的伟大性。即使面对创造出它的共识，它依旧保有自主性。我现在想向您说明的是，权力甚至面对当权者也依旧保有其自主的伟大性。在所有掌有权力的人类个体面前，权力都是一种客观的、遵从自身固有法则的庞然大物。

J. 这里所说的“客观的、遵从自身固有法则的庞然大物”究竟指什么？

C.S. 指十分具体的东西。您知道，即使最可怕的当权者，他依旧受到人类肉身限制的捆绑，依旧受限于不可抵达的理性和灵魂的软弱。即使最强大的人也必须像我们一样吃喝，也会生老病死。

J. 可是现代科学贡献了令人瞠目的各种手段，以克服自然对人类的限制。

C.S. 确实如此。当权者能召来最著名的医生和诺贝尔奖获得者，他能比其他任何人接受更多的针剂。尽管如此，在工作或作恶几个小时之后，他就会疲惫，就会入睡。无论是可怕的卡拉卡拉[1]还是残暴的成吉思汗，都躺卧如婴孩，甚至可能会打呼噜。

J. 这是每个当权者都应该时刻牢记的情景。

C.S. 是的，哲学家、道德家、教育家和演说家也总喜欢为自己设想这个情景。但我们不该在这一点上停留。我只是还想提一下，所有讨论人类权力的哲学家中至今依旧最具现代性的那一位，英国人托马斯·霍布斯，他所建构的国家就是

---

[1] 卡拉卡拉是211至217年间的罗马皇帝。他的父亲塞普蒂米乌斯·塞维鲁创立了塞维鲁王朝，父亲死后，卡拉卡拉与弟弟盖塔成为共治皇帝。但不久以后，卡拉卡拉就暗杀了弟弟，并屠杀了一大批盖塔的支持者。他在执政期间下令建造了巨大的卡拉卡拉公共浴场。

以人类个体的普遍孱弱为出发点的。霍布斯是这样构建的：从孱弱生出危害，从危害生出恐惧，从恐惧生出对保障的需求，由此又产生能够提供保护的机构的必要性，这个保护机构必然或多或少拥有复杂的体制。然而霍布斯认为，尽管拥有各种保护措施，任何一个人依旧可能在某个恰当的时刻杀死其他任何一个人，一个孱弱的男人在某种境况下可能会干掉最强壮最有权的另一个男人。在这一点上，所有人真的都是平等的，因此所有人都受到威胁和危害。

J. 这算是一种微弱的慰藉吧！

C.S. 事实上，我既无意慰藉他人，也不想让人忧虑，只想描绘人类权力的客观形象。对身体造成的危害只不过是最粗劣的，甚至都不是寻常的。每个人类个体所具有的狭隘限制还会带来另一个后果，似乎更适合用来说明此处的关键是什么。这就是每种权力在面对当权者时展现出的本身固有的客观规律性，以及权力与无能不可摆脱的内在辩证法，每个人类的当权者都会不自觉地卷入其中。

J. 我不理解您所说的内在辩证法是什么。

C.S. 我们会看到，即使巨大的政治决断在某个瞬间被置于某一个人的手中，这个人也只能在特定的前提下，用特定的手段来形成自己的意愿。甚至最绝对的王侯也只能仰赖报告和信息，会依靠他的顾问。每天，甚至每小时都有数不胜数的事件、报告、建议和猜测涌向他。这片交织着真相与谎言、现实与可能的汪洋奔流澎湃，无止无尽，即使最聪明、最强大的人都顶多能从其中汲取几滴水珠。

J. 的确能在这里看到绝对王侯的荣光与愁苦。

C.S. 但首先看到的是所有人类权力的内在辩证法。谁对当权者发表了一通演说，或向他提供了信息，就已经参与到了权力当中。无论是在文件上进行连署的担负责任的大臣，抑或以间接方式在当权者耳边窃窃私语的人，都足以向在某个瞬间掌握决断权的某个个体传递某些印象和动机。就这样，任何一种直接的权力都会即刻屈服于间接的影响之下。曾经有些当权者意识到自己的这种依赖性而暴跳如雷。随后他们就尝试不再从主管顾问那里听取建议，而是通过其他途径获得信息。

J. 面对宫廷中的腐败，这样做显然是有道理的。

C.S. 当然。可惜他们不过时常陷入更荒诞的新的依赖性中。伊斯兰的哈里发哈伦·拉希德[1]最终不得不在夜里乔装平民，潜入巴格达的小酒馆去了解实情。我不知道他通过这颇成问题的信息来源发现了什么，或只不过是多喝了点儿。腓特烈二世晚年变得如此多疑，他只与自己的侍官弗雷德斯多夫[2]才坦诚相见。于是这个侍

---

[1] 哈伦·拉希德是伊斯兰第23代哈里发，他就任期间是阿拔斯王朝最强盛的时代。他曾率军入侵东罗马帝国的小亚细亚。他在《一千零一夜》中扮演了重要的角色，被描绘为一个会微服私访、在城中打探民间疾苦的君王。但在伊斯兰文化中，他却因其残暴的统治而备受争议。

[2] 米歇尔·弗雷德斯多夫是腓特烈二世的秘密侍卫队队长和亲信，从腓特烈还是皇太子时就开始服侍他。腓特烈成为皇帝后，更是被委以重任，远超一位侍卫队队长的职责范围。腓特烈除了与他讨论公共问题，还分享私人事务，两人之间通信频繁。

官就成了一个极具影响力的人，不过他也一直保持忠诚顺从。

J. 其他当权者就转移到他们的司机或情人那里去了。

C.S. 换句话说：在每一种直接权力的场域前，都具有间接产生影响、进行支配的前置场，这是通往当权者耳边的道路，也是进入当权者心灵的通道。没有哪种人类权力不拥有这一前置场和这一通道。

J. 但是人们可以通过理性的组织以及立法规定防止某些滥用的情况。

C.S. 人们的确可以这么做，也应该这么做。但还不存在一个绝顶聪明的机构，或是一个绞尽脑汁的组织能够彻底根除这一前置场。再怎么对秘密顾问团或谄媚奉承者大发雷霆，也不可能完全清除这一前置场。这一前置场是不可回避的。

J. 我觉得这像是某种意义上的后门。

C.S. 无论是谄媚奉承，走后门，在周围活动，还是在会议走廊上进言：事情本身是明确的，对于人类权力的辩证法来说都一样。无论如何，权力的这一前置场在世界历史进程中汇聚出一个多姿多彩的混合社会。间接因素在此聚集。我们在这一场域会遇见穿着笔挺制服的大臣和大使，但也会发现告解神父、御用医生、副官和秘书、侍卫和情妇。在这一场域，腓特烈大帝的侍官弗雷德斯多夫就站在高贵的叶卡捷琳娜女皇[1]身边，拉斯普京[2]就站在黎塞留公爵[3]

[1] 指俄罗斯女皇叶卡捷琳娜二世，她统治的34年是俄罗斯帝国的黄金时期。在她还是奥古斯特公主时，曾在腓特烈二世的安排下成为俄罗斯太子妃，以加强俄罗斯与普鲁士的合作关系。她的丈夫荷尔斯泰因公爵彼得·乌尔里希（即俄罗斯沙皇彼得三世）十分崇拜腓特烈二世，与普鲁士关系密切。“彼得三世与叶卡捷琳娜关系十分冷淡，后者发动宫廷政变逼迫他退位，他在叶卡捷琳娜登上王位后不久去世。”

[2] 格里戈里·叶菲莫维奇·拉斯普京是俄罗斯东正教教士，他与沙皇尼古拉斯二世关系紧密，对俄罗斯帝国末年影响巨大。1916年，他被议会议员还有尤苏波夫亲王，迪米特里大公合谋暗杀。

[3] 黎塞留公爵是法兰西国王路易十三的枢密院首席大臣，也是枢机主教。他擅长政治权术，在三十年战争时期对法国政治起到了关键作用，为路易十四时代的兴盛打下了基础。

身边，灰衣主教[1]就站在梅萨利纳[2]的身边。有时会有聪慧的男人出现在这个前置场中，有时是理想的参谋或顺从的管家，有时却是愚蠢的追名逐利者和满口胡言者。有时这个前置场真的就成为商议国务的正式房间，威严的绅士聚集在一起发表演说，直到他们被召见。私人内阁是很常见的。

J. 甚至会是在病房里，几个朋友围坐在一个瘫痪的男人的床边控制着世界。

C.S. 权力越是集中在某一个地方、某一个人手里，或是像集中在锥形物的顶点那样的一小撮人那里，通往顶层的道路以及走廊进言的问题就越尖锐越突出，而占领前置场、控制走廊的那帮

---

[1] 灰衣主教原指黎塞留公爵的告解神父及顾问皮雷·约瑟夫。后泛指一个富有影响力却不常出现在公众视野中的、隐匿在背后的人物。

[2] 瓦莱里娅·梅萨利纳是罗马皇帝克劳狄一世的第三任妻子，是一名以滥交而闻名，并渴望权势和影响力的女性。她是元老盖乌斯·西里乌斯的情人，西里乌斯被塔西陀称为“最漂亮的罗马男青年”。公元48年，她趁丈夫克劳狄皇帝远征离开罗马，与情夫举办了婚礼，最终被迫自杀。

人之间的斗争就会越激烈、越顽强，也越隐默无声。这种产生间接影响的团团迷雾中的斗争同样是不可避免的，而且对所有人类权力来说具有根本意义。人类权力的内在辩证法就是在这种斗争中发生的。

J. 可是这难道不纯粹是个人政权的赘生物吗?

C.S. 并非如此。我们在这里所讨论的产生走廊进言的过程，其实每天都在进行，即使只展现出了最微小的苗头，只要有人对其他人施行权力的地方，就会在各方面出现这样的状况。一个权力场酝酿产生时，立即就会建立起这一权力的前置场。如果增强直接权力，那么笼罩着间接影响的云雾也会变得更浓稠，也可能变得更稀薄。

J. 假如当权者有问题，这反倒会是好事。不过我还没理解，直接权力和间接权力哪个更好。

C.S. 我只是将间接权力视为人类权力在辩证发展过程中一个不可避免的阶段。直接权力越是集中在某个当权者个人的手中，他自己就越孤立。走廊从根本上阻隔了当权者，将他抬升至一个平流层，他在那里只能触及那些间接控制他的人，他对剩余所有人施行权力，却不再能触及他们，他们也不再能触及他。在一些极端情况下，甚至时常会荒诞地动用武力。但这只是当权者在不可避免地占有权力而彻底孤立后，做出的合乎逻辑的极端行动。同样的内在逻辑也在日常生活中，在直接权力与间接影响之间永不停歇的骤变中无数次地萌芽。任何一种人类权力都无法避免这一自我维护与自我间离的内在辩证法。

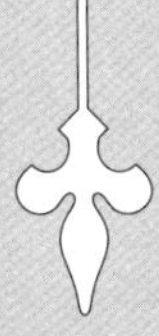

INTER-MEZZO

幕间插曲：
俾斯麦与波萨侯爵

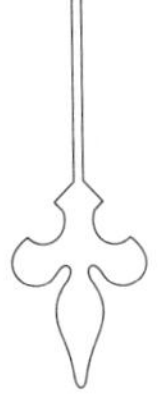

为了争夺走廊，为争夺接近权力顶端而引发的斗争是一场尤其激烈的权力斗争，人类权力与无能的内在辩证法由此产生。我们必须首先认清这一事实的真相，不借用花言巧语或多愁善感，但也不带着玩世不恭或虚无主义的态度。因此我想举两个例子进一步说明问题。

第一个例子是宪法史上的一份文件：俾斯麦1890年3月的辞表。俾斯麦在《思考与回忆》[1]第三卷中详细论述了自己的这份辞表。从各种角度来看，从其布局、思路、语调来看，无论是娓娓道来还是缄口不语，这份辞表都堪称一位伟大的国家政治权术大师深谋远

[1] 《思考与回忆》(*Gedanken und Erinnerungen*)是德意志帝国宰相奥托·封·俾斯麦的自传，他在1890年被解职下台后撰写了这部回忆录。前两卷在1898年他去世后出版，第三卷则在1919至1921年间出版。第三卷中详细描述了他与威廉二世之间的关系。

虑之作。这是俾斯麦在职期间最后的行动，他兼权尚计地为后世设计并撰写了这篇辞表。这位老练博闻的帝国宰相，这位帝国的创造者，分析讨论了尚且少不更事的继承者，年轻的皇帝威廉二世。在内政和外交的问题上，两人存在许多实际的对立与意见的不合。然而这份辞表展现的核心，也就是导致两人关系破裂的重点却纯粹是形式的问题：一场关于允许宰相如何获取信息以及皇帝该如何获取信息的斗争。俾斯麦要求在这一点上拥有完全的自由，想要和谁聊就和谁聊，想邀请谁来家里做客就邀请谁。但俾斯麦却认为皇帝无权在他（即总理大臣）不在场的情况下听某位大臣做报告。是否可以在皇帝面前直接做报告的问题，最终演变成将俾斯麦解职的关键核心，也由此开启了德意志第二帝国的悲剧。如何向皇帝呈报是每个君主制政体中的核心问题，因为这涉及如何接近权力顶层。封·施泰恩男爵[1]也在反对秘密内阁成员的斗争中筋疲

[1] 海因里希·弗里德里希·封·施泰恩男爵是普鲁士的民主主义革命家、改革家。他同情法国大革命，不赞同普鲁士对法国进行军事干涉。普鲁士在耶拿战役中惨败法国之后，封·施泰恩男爵被任命为首相，此后他开始在普鲁士王国推行一系列民主改革。但他的改革思想让拿破仑感到了威胁，拿破仑逼迫普鲁士国王腓特烈·威廉三世将其免职。

力尽。在如何接近权力顶层这一古老而永恒的问题上，甚至连俾斯麦也必然会失败。

第二个例子出自席勒的诗剧《堂·卡洛斯》[1]。剧作家在作品中维护了他关于权力本质的主张。戏剧情节围绕着这样一个问题展开：谁占有接近国王，也就是绝对君主菲利普二世的直接通道？谁能直接接近国王，谁就分享了他的权力。此前，告解神父多米尼哥和大公爵封·阿尔巴彻底占领了权力的前置场，封锁了接近国王的通道。这时出现了一个第三者，波萨侯爵，于是这两人立即意识到他的危险性。在第三幕结尾处，作品在最后一句话到达了戏剧张力的高潮。国王命令：骑士（也就是波萨侯爵）以后无须通报就可直接谒见国王！这句话产生了巨大的戏剧效果，不仅是对观众，也是对参与戏剧之中的所有人。堂·卡洛斯得知此事后说："这真的意味着很多，实在意味着很多。"而告解神父多米尼哥颤抖着对封·阿尔巴公

[1] 《堂·卡洛斯》（*Don Carlos*）是弗里德里希·席勒的五幕戏剧，创作于1783至1787年间，根据西班牙菲利普二世之子堂·卡洛斯的传奇故事改编。故事讲述了西班牙宫廷的政治斗争，宰相波萨侯爵是堂·卡洛斯青年时期的好友，他不断用人文主义思想影响卡洛斯，期待后者能成为西班牙未来的明君，最终失败。

爵说：“我们的时代终结了。”这个高潮之后突然出现了悲剧性转折，也是这部伟大戏剧的急转点。波萨侯爵成功地获得了接近当权者的直接通道，却不幸地为此中了致命一击。倘若他可以在国王面前维护自己的立场，那么他会如何着手处理与告解神父和大公爵之间的关系，我们不得而知。

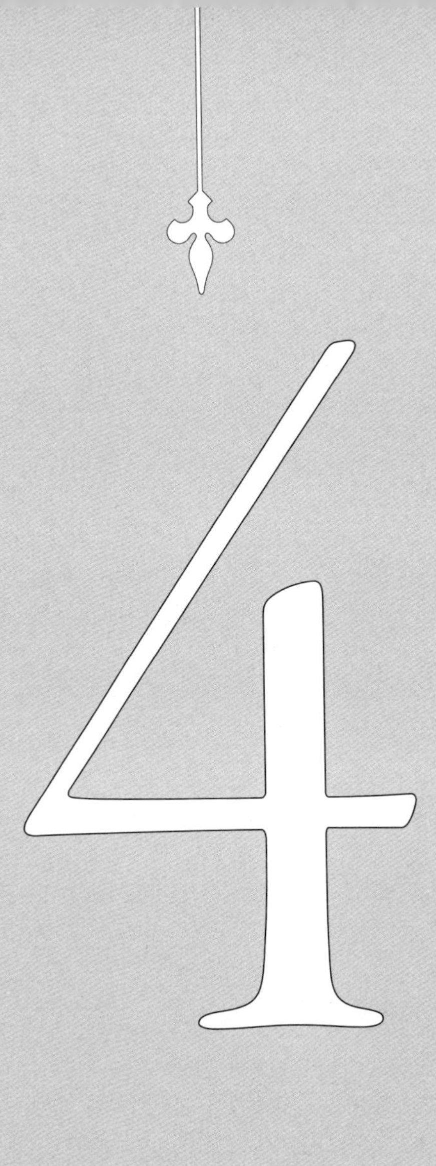

C.S. 无论这两个例子多么令人印象深刻，请您不要忘记，J先生，这一切是在怎样的语境下引起我们关注的，是在人类权力的内在辩证法语境下。我们在此还能以同样的方式探讨其他一些问题，例如继承人如何获得权力，无论是以王朝的形式、民主的形式，还是卡里斯玛的形式，这都是一个深奥的问题。不过显然，现在我们要讨论的是关于权力的辩证法问题。

J. 我所看到的依旧只是人类的荣光与愁苦。您不断提到内在辩证法，那么我现在想提一个极其简单的问题：假如人所施行的权力既不来自上帝，也不来自自然，而只是人类自身的内部事务，那么它是善的还是恶的，或者说，它是什么？

C.S. 这个问题很危险，您可能也预感到了。因为大部分人都会理所当然地回答：如果我拥有权力，权力就是善的；如果我的敌人拥有权力，权力就是恶的。

J. 我们还是这样说吧：权力本身无所谓善恶，它本身是中性的。人利用权力做了什么，它就是什么——在善良的人手中它就是善的，在邪恶的人手中它就是恶的。

C.S. 但在具体情况下，谁来断定一个人的善恶呢？是当权者自己，还是某个他者？一个人拥有权力首先意味着，他可以自己决断。这是他的权力。假如是由某个他者来决断，那么这个他者就同样拥有权力，或者要求拥有权力。

J. 这样看来，权力本身可能是中性的。

C.S. 倘若有人信仰一个全能全善的上帝，就无法声称权力是恶的，或是中性的。众所周知，基督教的使徒圣保罗曾说过：一切权力都来自上帝。教宗圣额我略是擅于牧养民众的宗座中的一个典范，他曾经清晰无遗、斩钉截铁地这样表述过：

> 上帝是最高的权力，是最高的存在。一切权力都来自祂，一切权力的本质都是，并且一直是神性的和善的。假如魔鬼拥有了权力，那么只要它还是权力，它就依旧是神性的和善的。唯独魔鬼的意志是恶的。但即使存在邪恶的、魔性的意志，权力本身都一直是神性的和善的。

教宗圣额我略就是这样说的。他的意思是，唯独权力的意志可能是恶的，但权力本身永远是善的。

J. 这简直难以置信。但雅各布·布克哈特[1]那句著名的话也是明白易懂的，他说：权力本身是恶的。

C.S. 让我们更深入思考一下布克哈特这句名言。他的《世界历史沉思录》中有这么一个关键处：

---

[1] 雅各布·布克哈特（Jacob Burckhardt）是19世纪瑞士文化历史学家，其研究重点为欧洲艺术史与人文主义。他的《世界历史沉思录》（*Weltgeschichtliche Betrachtungen*）是在其去世后才出版的。

这就证明了，权力本身是恶的（施洛瑟），只要人们想一想路易十四和拿破仑，想一想革命时期的人民政府。利己主义的权利被归于国家，个体的权利被剥夺，毫不顾虑任何一种宗教。

《世界历史沉思录》的编者，即布克哈特的侄子雅各布·奥利[1]在括号内添上了“施洛瑟”这个名字，无论是作为某种凭证，还是标榜某种权威。

J. 施洛瑟，这是歌德妹夫的名字。

C.S. 歌德的妹夫叫约翰·格奥尔格·施洛瑟[2]。这里指的是弗里德里希·克里斯托夫·施洛瑟[3]，

---

[1] 布克哈特濒死时，让他的侄子雅各布·奥利（Jacob Oeri）销毁他留下来的手稿。因此这些手稿在他死后的出版是违背了布克哈特的遗愿的。

[2] 约翰·格奥尔格·施洛瑟（Johann Georg Schlosser）是18世纪德国法学家、历史学家，也是大文豪歌德的妹夫，是歌德的妹妹科内利阿的丈夫。

[3] 弗里德里希·克里斯托夫·施洛瑟（Friedrich （转下页）

是一部人文主义世界史的作者，雅各布·布克哈特在他的系列讲座中很喜欢引用他。不过两人，或者我不介意说他们三人，雅各布·布克哈特和这两位施洛瑟一起，都根本无法企及圣额我略。

J. 但我们毕竟不再生活在中世纪早期了！我确信，相比圣额我略，如今大部分人更能理解布克哈特。

C.S. 显然，自圣额我略的时代以来，权力已经发生了一些根本性改变。即使在圣额我略的时代，也存在各种各样的战争和恐慌。另一方面，布克哈特所说的那些特别能表现权力之恶的人——路易十四、拿破仑和法国大革命的人民政府，这都是一些比较现代的当权者。

J. 但他们都还不属于机动化时代，他们对原子弹和氢弹都还一无所知。

（接上页）Christoph Schlosser）是一位德国历史学家。他的历史书写方式与政治史及思想史关系紧密。与同时代的历史学家不同，他更注重史料的内容，而非形式。

C.S. 我们虽然不能将施洛瑟和布克哈特视为神圣的人，但至少可以视其为虔诚的人，他们不会轻率地发表这样的论点。

J. 一个7世纪的虔诚的人认为权力是善的，但19和20世纪的虔诚的人就认为权力是恶的，这怎么可能呢？一定发生了某些本质性的变化。

C.S. 我认为在上个世纪，人类权力的本质以某种十分奇特的方式向我们袒露无遗。因此很奇怪的是，关于权力之恶的论点正是从19世纪开始流传起来的。在此之前我们以为，权力的问题已经解决了，或者至少已经缓和了，假如权力既不源于上帝也不源于自然，而不过是人与人之间约定好的东西，如果上帝死了，狼也不再让孩子感到恐惧了，那么人类还需要害怕什么呢？但恰恰自从权力似乎完成了这一“人间化”的过程，也就是自法国大革命起的那个时代，“权力本恶”这一极具魅力的信念开始广为流传。“上帝死了”“权力本恶”这两句名言都出自这一时代、这一情景。从根本上来说，这两句话表达了同样的意思。

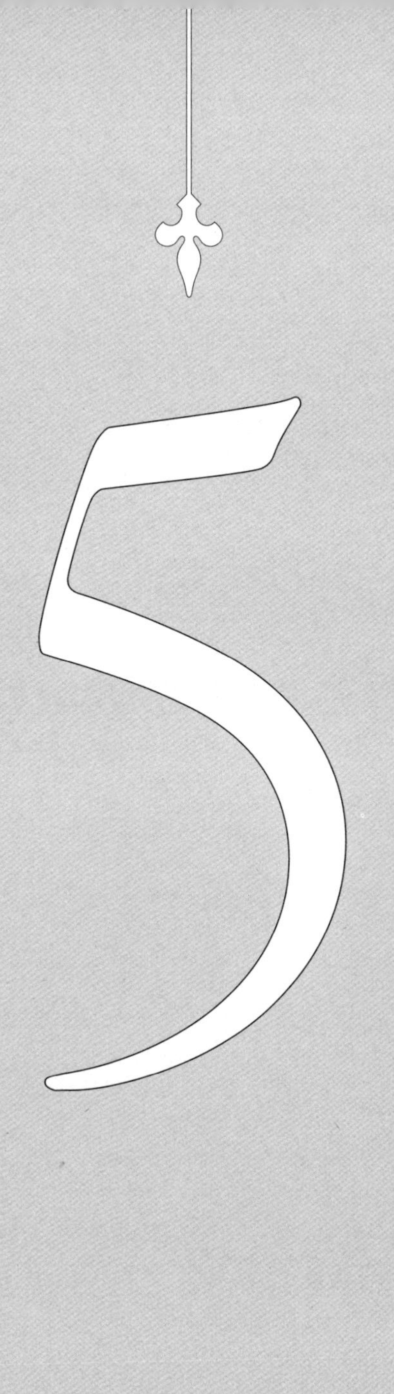
5

J. 其实这还需要解释。

C.S. 为了正确理解人类权力的本质，理解它在当今形势下所显露出的模样，我们最好能利用英国人托马斯·霍布斯发现的一种关系。之前提到，霍布斯是思考人类权力的哲学家中至今依旧最具现代性的一位。他异常精确地阐明了这一关系，我们可以将其称为“霍布斯主义的危险关系”。霍布斯说：一个觉得自己受到他人危害的人，他对于其他人来说也同样比任何一种动物都要更危险，正如人类的武器比动物的武器更危险。这是一种清晰明确的关系。

J. 奥斯瓦尔特·斯宾格勒[1]说过，人是一种猛兽。

[1] 奥斯瓦尔特·斯宾格勒（Oswald Spengler）是20世纪初的德国哲学家，在历史哲学、艺术史及艺术哲学 （转下页）

C.S. 抱歉！托马斯·霍布斯所提出的危险关系与奥斯瓦尔特·斯宾格勒所提出的观点毫无关联。霍布斯设置的前提恰好相反，也就是人并非动物，人是完全不同的。相比动物，人的危险性一方面更少，另一方面又多得多。人有能力以一种非凡的方式通过技术发明弥补自己的生物弱点，到达甚至超越原本不可企及之处。请您注意，当霍布斯在1650年宣布这一标准关系时，人类的武器——弓箭、剑斧、步枪和大炮——已经十分发达了，远比狮子的利爪或豺狼的獠牙危险得多。如今，技术手段导致的危险性不断升级，甚至到了失控的地步。其结果是，每一个人对于其他人的危险性也相应升级。于是，掌权与无权之间的差别也无尽地扩大，以致这种越来越大的差别将人的概念本身扯入一个崭新的问题意识中。

J. 我没有理解您的意思。

（接上页） 领域皆著作颇丰，代表作有《西方的没落》。他属于魏玛共和国时期革命保守派，但反对纳粹主义及种族主义思想。

C.S. 请您仔细听。到底谁还是人？是生产并使用这些现代灭绝手段的那些人，还是为了反对他们而使用这些灭绝手段的另一些人？如果人们说：权力与技术一样，其本质既非善又非恶，而是中性的；人在权力和技术中做什么，用它们做什么，从它们中做出了什么，它们就是什么。这种讲法对我们来说毫无建树，只不过回避了根本性的难题，回避了谁在善恶之间做决断这个问题。

现代灭绝手段的能力超越了发明并使用它们的人类个体的力量，正如同现代机器与程序具备的可能性远远超越了人类肌肉与大脑的力量。在这个平流层，在这个超声域，善或恶的人类意志根本无法跟随。托举着原子弹的手臂，以及刺激控制这一手臂肌肉的人类大脑，在决断的瞬间与其说是个体人类的某个肢体，还不如说是个义肢，是技术和社会仪器的一部分。生产并使用原子弹的其实是这个仪器。这时，个体的当权者只不过是从这种情境中排出的分泌物，是职业分工极端化之后诞生的系统所产生的结果。

J. 可是今天的我们能够侵入平流层，能进入超声域和宇宙，我们拥有比任何人类大脑都计算得更快更好的机器，这难道不伟大吗？

C.S. 根本问题就藏在这个“我们”当中。完成这一切的其实并不是作为人的人，而是由人所激发的一个链式反应。它超越了人类身体的极限，也超越了任何一种可设想到的人对人所施行的权力所具有的人与人之间的标准。它碾压了保护与顺从之间的关系。相比技术，权力更大程度地从人类手中滑落。依靠这类技术手段的帮助而对其他人施行权力的那些人，与任凭权力控制的那些人，都不再与人在一起。

J. 然而那些发明并建造了现代灭绝手段的人，也不过只是人。

C.S. 即使对他们来说，他们所引起的权力依旧是一种具有自身客观规律的庞然大物，它无限超越了每个单独的人类发明者具有局限性的肉体、智识和精神能量。人类通过发明这些灭绝手段，不知不觉中参与到建造一种新型利维坦的过程中。事实上，16、17世纪时那种从头到尾组织完善的现代欧洲国家已经是科技的人工产物，是一种由人类创造、由人类合成的超人。在利维坦的形象中，它作为巨大的人类，即“ μάχροζ ἄνθρωπος”，以绝对的优势对抗着创造出它的微小的人类，单独的个体，即“μίχρος ἄνθρωπος”。在此意义上，运转良好的新时代欧洲国家就是最初的现代机器，同时也是此后所有技术机器的具体前提。它成为机器中的机器（machina machinarum），成为一个由人类所合成的超人，人类的共识使它得以实现。但在它形成的那个瞬间，它就超越了任何人类的共识。正因为这里涉及的是一个由人类组织起来的权力，布克哈特才会认为权力本身是恶的。因而他在讲出这句名言时没有以尼禄或成吉思汗为例，而是以典型的现代欧洲当权者为例：路易十四、拿破仑和法国大革命时期的人民政府。

J. 或许以后更多的科学发明会改变这一切，会带来秩序。

C.S. 如果那样就好了。然而到底要如何改变呢？如今权力与无能不再面对面对峙，不再从人看向人。那些感觉自己因遭受了现代灭绝手段带来的后果而变得无权的大众，首先知道他们是无能的。权力的现实摆脱了人类的现实。

我并不是说，人对人施行的权力是善的，我也并没有说它就是恶的。我更没有说它就是中性的。假如我说当我拥有它时它就是善的，当我的敌人拥有它时它就是恶的，那么我一定会作为能够思考的人而感到羞耻。我所说的只是，它对于任何人，即使是对于当权者，都是一种独立的现实，它会将人拉入权力的辩证法中。权力强于任何权力的意志，强于任何人类的良善，不过所幸也强于任何人类的邪恶。

J. 权力作为一种客观的庞然大物，强于一切施行权力的人类的邪恶，这一点虽然还多少让人感到欣慰。不过从另一方面来说，它也强于人类的良善就不那么让人心安了。在这一点上我不太能赞同。但愿您不是马基雅维利主义者。

C.S. 我当然不是。此外，马基雅维利自己也不是马基雅维利主义者。

J. 这可太自相矛盾了。

C.S. 我觉得这很好理解。如果马基雅维利是一个马基雅维利主义者，他就肯定不会去写那些给别人留下坏印象的书了。他就肯定会写一些虔诚的训世读物，最好是反马基雅维利的。

J. 这样当然更精明一些。但您的见解一定有实践应用方法吧，我们到底应该怎么做呢？

C.S. 我们应该怎么做？您还记得我们这次对谈的开始吗？您向我提出了这样的问题，您问我自己到底有没有权力。现在我可以反唇相讥了，我要问您：您自己有没有权力？

J. 您似乎想要回避关于实践应用的问题。

C.S. 相反，我想设法就您的问题给出一个有意义的答案。如果有人想知道权力的实践应用性，那么他自己是否拥有权力就会构成差别。

J. 当然。但是您一直强调，权力是某种客观的东西，它强于任何操纵它的人。肯定存在一些实践应用的例子吧！

C.S. 存在无数例子，有掌握权力者的例子，也有无权者的例子。似乎能让真正的权力在政治舞台上公开可见，就已经算是巨大的成功了。例如，我会建议当权者永远不要不穿着政府正装或其他相应服装就出现在公众面前。而对于无权者我会说：不要认为你没有权力因此就是良善的。如果有人苦于自己没有权力，那我会提醒他，对于权力的意志与对于情欲或渴望得到更多其他东西的意志一样，都会摧毁自我。我会建议制宪或修宪会议的成员特别关注通往权力顶端的问题，希望他们不要认为，他们可以像对待某项早已了然于胸的工作那样根据某种模式建立他们国家的政府。简而言之，您看，有很多实践应用的例子。

J. 但是人呢，人停留在哪里呢？

C.S. 无论有没有权力，一个人思考或做出的一切，都超越了人类意识或其他人类个体能力的通道。

J. 因此人于人而言是一个人！

C.S. 是的，但永远得看具体情况。我的意思是，例如，斯大林这个人对于托洛茨基这个人来说是斯大林，而托洛茨基这个人对斯大林这个人来说是托洛茨基。

J. 这是您给出的最终答案吗？

C.S. 不是。我只是想借此告诉您，这个听上去很美好的公式——人于人而言是一个人——并非解决方案，而只是问题的开端。我虽持批判态度，却彻底赞同以下这句伟大的诗：

> 然而成为人，却依旧是种决断。

这才是我的最终答案。

回顾对谈进程

萌　芽

1. 开端：人非狼，亦非上帝，人是人

2. 阶段：共识影响权力/权力影响共识

3. 中途：权力的前置场和通往权力顶端的问题

幕间插曲：俾斯麦与波萨侯爵

4. 简单的问题：

权力本善，抑或本恶，抑或是中性的？

5. 清晰的答案：权力强于良善或邪恶，

也强于人之中立性

6. 结　论

BRIEFE

卡尔·施米特

与

恩斯特·荣格尔

相关书信选

恩斯特·荣格尔致卡尔·施米特

（I4b）利德林根附近的维尔夫林根，

1954年12月17日

亲爱的卡尔·施米特：

昨天夜里我激动地阅读了您的文章。事实上，自从我开始思考《小红帽》及其他童话中的角色分配问题，就一直密切关注围绕权力的讨论。

您无疑又做出了一份贡献。文中透露的一些思想与原则都将自成一派，无论人们是否会援引作者的名字，还是这些思想将直接注入人们脑中，反倒使作者的名字隐而不现了。后者是思想最安全也是最有力的道路——“风随着意思吹”[1]。您在第7页[2]先断言自己完全没有权力，这一点无论是您还是我都断然不会相信。

文中的一个核心思想尤其触动我，就是权力

[1] 出自《约翰福音》3:8，是耶稣对法利赛人尼哥底母说的话。“风随着意思吹，你听见风的响声，却不晓得从哪里来，往哪里去；凡从圣灵生的，也是如此。”

[2] 见中译本第3页。

会变形或过分提升至一个匿名的级别。这点会导致两种可能的结论：其一是比较容易理解的，就是恰恰当权力被视为人与人之间的关系的那个瞬间，它也被标识为恶的；其二是，是否可以形象地为这一匿名的庞然大物命名，或许这种命名中存在着某种可能的、有益的解决方案。

您的表述如此简明扼要，这或许也挺好的。通往当权者的道路属于最原初的现象，它挑战的不仅是政治层面，也是动物学和社会学层面的无数例证。我只举鲨鱼中的领航者以及天主教会的教士女宿管这两个例子。您的文中隐藏了不少日后可能深入成书的可能性。文中涉及波萨侯爵的地方也让我读得很愉快。这样去解读一个长期以来被人透过有色眼镜来审视的形象，也能获得有利的印象。

您使用的措辞愈来愈稳妥了，这让我感到高兴，尤其因为我自己也正在接近六十岁的花甲之年。在这个年龄，人不仅怀着忧虑，也怀着希望。我突然想到一处无关紧要之处：第22页第8

行。[1]这里的“mit”一词改成“in Bezug”会更合适吧！

昨天，我翻译完了里瓦洛尔[2]的最后一条箴言，由此结束了一项工作，更恰当地说，由此结束了一份乐趣。我自1945年开始就断断续续地做着这项翻译。现在我还想写一篇导论，正在考虑是只涉及里瓦洛尔一个人，还是讨论里瓦洛尔和伯克[3]，或是简单概述一下保守主义自1789年起所做的种种努力，也就是整个失败阵营的思想。因为这些英才虽然做出了明确的判断，却是从一种

[1] 荣格尔所说的第22页或许是德文首版的页码。在后来的版本中，该错误已更正。

[2] 指安托万·德·里瓦洛尔（Antoine de Rivarol），法国作家、翻译家。他出生于一个没落的贵族家庭，在法国大革命期间曾作为保皇党用笔杆维护旧制度，1792年，他在革命势力的压迫下被迫逃亡海外，1795年开始生活在德国，1801年在柏林去世。荣格尔从20世纪30年代开始就对里瓦洛尔表现出巨大的兴趣。

[3] 指埃德蒙·伯克（Edmund Burke），18世纪爱尔兰裔的英国政治家、哲学家。他对英美殖民的支持以及对法国大革命的尖锐批判让他成为英国辉格党中的保守派的代表人物，也是英美保守主义的奠基人之一。

古旧的权力观出发的，仿佛生存于一个业已改变了的世界中的经典物理学代表。

我是否和您说起过，我在搬家去南方时丢失了您的大部分著作和文章？我正在密切关注旧书店的书目，但很少出现我需要的书。不过我得先把图书目录编好。

祝节日快乐，新年如意！

您的恩斯特·荣格尔

恩斯特·荣格尔致卡尔·施米特

（I4b）利德林根附近的维尔夫林根，

1954年12月18日

亲爱的卡尔·施米特：

在写完了今天的信之后，我在我的书里仔细查找了一番，最后还是找到了图书目录。此外还有《剪影》《政治的浪漫派》《宪法学说》《政治的概念》《空间与权力》《法国思想的形成》《欧洲法学的状况》《利维坦》《多诺索·柯特》。还是找到了不少书。尤其是《剪影》[1]，拥有的人可不多[2]。

您的恩斯特·荣格尔

[1] 《剪影》（*Schattenrisse*）是施米特与他的犹太朋友弗兰茨·艾斯勒（Franz Eisler）以共同的笔名Dr. Johannes Negelinusmox于1913年出版的讽刺文集。两人在十二篇剪影式的短文中对当时的娱乐文学冷嘲热讽之余，还严厉批判了1900年自然主义文学及其代表人物，从威廉·奥斯特瓦尔德（Wilhelm Ostwald）到瓦尔特·拉特瑙（Walter Rathenau），从理查德·德默尔（Richard Dehmel）到托马斯·曼（Thomas Mann）。

[2] 德文版编者注：本句字迹不清。（译按：本句德文原文为“Dieser Satz ist ambivalent”，可能指字迹模糊，也可能指语意不清。）

恩斯特·荣格尔致卡尔·施米特

（I4b）利德林根附近的维尔夫林根，

1955年1月16日

亲爱的卡尔·施米特：

斯塔加特的手稿目录合集，您可能会感兴趣。我估计对谈是在1848年左右进行的。

您的恩斯特·荣格尔

卡尔·施米特致恩斯特·荣格尔

普莱腾堡,

1955年1月23日

亲爱的恩斯特·荣格尔：

我还想为您和您太太播放一遍我自己拥有的一份《关于权力的对话》的磁带，因为您就此次对话写了一封内容如此丰富的信。这是我和阿尼玛之间的一次对谈，一个拥有卡式录音机的邻居将这次对谈录了下来，在7月我过生日时播放过一次。当时我感觉真遗憾，我竟然没有和我太太录过这种磁带。假如被录制下来的表达并非随意的夸夸其谈，而是经过深思熟虑的说明，那么这种形式真是最美好的纪念。我也可以考虑以此形式录制一份真实的遗嘱。只是需要为此花费一些时间，要耐心等待整整一个小时。

关于您的《砂时计之书》[1]，我在西北德广播电视台（NWDR）听到一次糟糕透顶的谈话，犹如一次庭审会议。我特别厌恶庭审会议，因为整

[1] 恩斯特·荣格尔1954年出版散文集《砂时计之书》（*Sanduhrbuch*），在书中探讨了时间的测量以及时间的本质，其中也包括“砂时计”这一时间测量仪器的文化史。

个过程松散萎靡，甚至连起诉和辩护的形式都无法产生紧张感。弥漫在我们之后几个年代中的松散萎靡究竟从何而来？或许是这样的：

德国人现在没有时间，
他必须读卡夫卡，
他勤勉努力，准备好了
用卡夫卡来恢复健康。

我非常期待读到您翻译的里瓦洛尔，尤其渴望读到您写的序言。您关于保守派所做出的评论十分恰当。我也无法再阅读德·迈斯特[1]的作品了。波纳尔德[2]的书还可以读，但顶多读他的评

[1] 指约瑟夫·德·迈斯特（Joseph de Maistre）伯爵，法国政治学家、作家、哲学家。他在法国大革命期间一直维护旧制度的政治基础，是反革命反启蒙的重要代表人物。他的国家学说赋予天主教会政治上的特权，施米特经常引用其理论。

[2] 指路易斯·德·波纳尔德（Louis Gabriel Ambroise de Bonald），法国反革命政治家、哲学家，他与同为保守派的德·迈斯特是朋友。

论文章，而不是那些他认为属于“系统”的作品。他也是一个回迁者。

谢谢您寄来季奥诺[1]的《马基雅维利笔记》！阅读它是一种享受。不过或许我自己就实实在在处在阿撒泻勒[2]的“替罪羊”境地里（见附件一），因此这种享受让我着迷。我也很感谢您提醒我注意贝蒂娜[3]和布鲁诺·鲍尔[4]之间的对谈。

---

[1] 指让·季奥诺（Jean Giono），20世纪法国作家，他晚年对人性的观点深受马基雅维利的影响。

[2] 阿撒泻勒是《利未记》中提及的名字，犹太人在赎罪日献祭时，要取两只公山羊抽签，一签归于耶和华，一签归于阿撒泻勒。归于耶和华的羊要献为赎罪祭，归于阿撒泻勒的羊要活着安置在耶和华面前，然后要被放生到旷野中去，归于阿撒泻勒（见《利未记》16:7—10）。后来的传统常常将阿撒泻勒描述为堕落天使，与魔鬼联系起来。

[3] 应该指的是德国浪漫主义时期的女作家贝蒂娜·封·阿尔尼姆（Bettina von Arnim），她是早期耶拿浪漫派与盛期海德堡浪漫派的代表人物克莱门斯·布伦塔诺（Clemens Brentano）的妹妹，后与哥哥的好朋友、作家阿希姆·封·阿尔尼姆（Achim von Arnim）结婚。

[4] 布鲁诺·鲍尔（Bruno Bauer），19世纪德国神学家、哲学家，在欧洲革命期间是一名左翼黑格尔主义者，1848年三月革命之后又转而加入了保守主义阵营，（转下页）

我此前给过您鲍尔关于斐洛[1]的一篇文章，您还有吗？我弄丢了我的那份。斐洛近来突然成了我关注的重点，与我对“νόμος”的研究有关。鲍尔声称，“νόμος”一词在荷马那里没有出现过，此后大家（甚至包括帕斯卡）也就沿用他的说法了。这其实是个很轻狂的论断，事实上伏尔泰已驳回了这一说法（见附件二），只不过没被大家加以利用罢了。

美国人1945年没收了我的一部分藏书，1952年又将其还给了我，我在1954年12月将这部分书卖给了法兰克福的克尔斯特旧书店。这真令人难过，但除此以外也别无他法。这也是很自然的，书的命运跟随人的命运。这批被卖掉的书拥有一定的历史珍品价值，因为它们都被盖上了一枚漂亮的章，印着“美国军队法学部，德国藏书

（接上页）并发表了一系列反犹立场的文章。鲍尔曾经对马克思、恩格斯以及尼采等人产生过影响。施米特对鲍尔很感兴趣，曾多次引用他。

[1] 指亚历山大城的斐洛，希腊化时期犹太哲学家、神学家，是第一个尝试将宗教信仰与哲学理性结合起来的人。

部分，卡尔·施米特教授藏书”（Legal Division U.S.Group, CC Germany Library, Prof. Carl Schmitt-Library），而且每本上都有用白色墨水写下的S，并编了号。真可惜，我当时没想到给您保留一本作为纪念。如果我还能查找到某本合适的书，我会帮你留下的。

您问起，您还缺哪些我写的书。您指的是哪些书呢？我猜您应该有托米森（P. Tommissen）1953年完成的《卡尔·施米特著作目录》。如果其中有您感兴趣的，我很乐意全部赠予您。随信附上一份小心意（见附件三）。

亲爱的恩斯特·荣格尔，请您别忘记寄给我《六十年代之歌》的对诗。

我昨天（星期天）写到这里就中断了。今天是1月24日，我继续给您写这封信的结束部分。这个日期让我回忆起与您的多次会面与交谈。此刻我所想到的是1934年1月24日，我在那一天发表了名为《第二帝国的国家结构及其瓦解，市民战胜士兵》的讲座。当时我常常与奥特[1]、马尔克斯[2]在一起。如今，维勒-班内特[3]在《权力的娜美西斯》一书中（德语版由封·布舍尔男爵[4]作序）对马尔克斯的恶意中伤简直有失体统。毒源无止无息。我再随信附上一幅画，您猜猜画上是谁？

---

[1] 指欧根·奥特（Eugen Otto），德国少将，外交官，他曾是魏玛共和国最后一任帝国首相库尔特·封·施莱歇尔（Kurt von Schleicher）的幕僚，曾与施米特相熟。

[2] 指埃里希·马尔克斯（Erich Marcks），德国军队的一位炮兵军官，也曾是施莱歇尔的幕僚。马尔克斯与施米特曾是朋友。

[3] 维勒-班内特（Wheeler-Bennet）是20世纪英国保守主义历史学家，研究德国历史。他曾为了研究，在1927至1934年间访问德国，见证了魏玛共和国的衰亡与纳粹德国的崛起。他最著名的作品就是1953年出版的《权力的娜美西斯》（*The Nemesis of Power*）一书。维勒-班内特在书中记录了德国军队在20世纪上半叶的各种行动。他在书中称埃里希·马尔克斯是施莱歇尔的走狗。

[4] 指阿克瑟尔·封·布舍尔（Axel von dem Bussche）男爵，他是第二次世界大战期间的德国军官，曾参与抵抗运动，1943年与施陶芬贝尔格共同策划了暗杀希特勒的计划。战后，布舍尔在哥廷根大学学习法学，成为一名外交官。

向您，亲爱的恩斯特·荣格尔，以及您尊贵的太太和卡尔·亚历山大致以衷心的问候与祝福！

您的老卡尔·施米特

在几本《关于权力的对话》上，我这样题辞："恩斯特·荣格尔说：'罗伯斯庇尔们进入权力犹如进入牢笼。'我问他：'为何只是罗伯斯庇尔们？所有人，无论善恶，进入权力都犹如进入牢笼。'"同样，398页上方的一处[1]（关于亚伯·伯纳德）也适合作为题辞。

[1] 这里具体指的是哪本书不详，《关于权力的对话》并没有第398页，亚伯·伯纳德（Abel Bonnard）是法国诗人、政治家。1942至1944年间曾任维希政府的教育部部长。

恩斯特·荣格尔致卡尔·施米特

康斯塔特，

1955年2月2日

亲爱的卡尔·施米特：

我姑且用这封短短的确认函来回复您的来信。我正在康斯塔特，来泡温泉并取一些矿泉水。

您寄来的画，我们打量了很长时间。我的太太给出了一个较正面的解释，我的则比较负面。我觉得这是一个长着青蛙腿的无头生物。

替罪羊很好。每个人都是自己的替罪羊！我俩都算是十分有用的替罪羊了，这一点我们能自夸一番。只是有人说我虚构了第一次世界大战，这一点我可得否认，因为我是从我父亲那里继承了一战的。当我真的想好好施展他的才能时，他却又不愿意承认了。这就是这一代民族自由派的双面兽。

您的恩斯特·荣格尔

BRIEFE

卡尔·施米特

与

莱因哈特·科泽莱克

相关书信选

卡尔·施米特致莱因哈特·科泽莱克

1954年10月7日

施米特寄赠的《关于权力的对话》一书的献辞[1]

莱因哈特·科泽莱克[2]惠存

1954年10月7日　卡尔·施米特

[1] [德文版注]摘自位于马尔巴赫的“德国文学档案馆”，莱因哈特·科泽莱克图书馆。

[2] 莱茵哈特·科泽莱特（Reinhart Koselleck，1923—2006），20世纪最重要的德国历史学家之一，主要研究领域为历史理论、概念史、语言史、法律史等，代表作为《批判与危机》（*Kritik und Krise*）。

真正的权力始于缄秘开始之时。[1]（汉娜·阿伦特）

“与秘密掌权者的公开外交术相比，公开掌权者的秘密外交术[2]就是无害的游戏。”

《宪法学说》页214

[1] [德文版注]摘自汉娜·阿伦特：《我们时代的重负》，伦敦，Secker & Warburg, Brace & Co.1951，页386。[译按]施米特引用的原文为英文“Real power begins where secrecy begins”。

[2] [德文版注]关于“秘密外交术”，可以参考卡尔·施米特：《宪法学说》（1928），未修改重印版，柏林，Duncker & Humblot 1954，页214。“有一点至少不应忽视：与秘密掌权者通过代理人所推行的公开外交术相比，公开掌权者的秘密外交术就是无害的游戏。”以上两段献词是用不同颜色的墨水写的，可能是施米特在1954年12月科泽莱克来访时写下的。

莱因哈特·科泽莱克致卡尔·施米特

布里斯托，1954年11月5日[1]

[1] [德文版注]摘自北莱茵-威斯特法伦州立档案馆，卡尔·施米特遗物馆。

布里斯托，克利夫顿

亭达斯公园路9号

1954年11月5日

尊敬的教授：

在此深深感谢您惠赠《关于权力的对话》。我将其视为一份特殊的礼物，因为我有理由从这篇对话中窥探出您的政治知识和认识中的私人遗赠。

您通过将简单至极的两个问题联系起来，却无疑开启了一条绝无仅有的可行之道，通向长期以来被错判的权力问题。您以具体分析为基础，并未离开本体论层面。

“然而成为人，却依旧是种决断”——我认为当今世界没有一个人能超越您的这一最终论断。因为没有找到通往权力之路的人，只能被动地被引向这个答案，而知道自己手握权力的人，则必须怀着对知识同样的谦卑程度，奋勇向前才能让自己成为一个“人”。然而如今谁知道手握权力者是谁呢?

通过您的书，我第一次彻底知道技术的发展已经给政治带来了怎样的质变。霍布斯分析过死亡威胁与政治属性之间的关联[1]，这一点不仅已被遗忘，还不可避免地被抽象为人的个体性关系。我在黑格尔那里曾读到，火药的发明以及与其相符的间接杀人手段，是个体参与表现为超个

---

[1] [德文版注]对死亡的恐惧是人类的核心驱动力，将此描述为政治统治的一项必要条件，这是托马斯·霍布斯理论的主要前设之一。可以参考托马斯·霍布斯:《利维坦》，赫尔曼·克莱纳编，尤塔·施洛泽译，汉堡，Meiner，1996，页107。“让人趋向和平的情绪变动，是对死亡的恐惧，是对舒适生活必需品的渴求，是对只要通过努力就能获取这些东西的希望。然后理性就会提出达成和平的条款，人类以此为基础就可以达成契约。”还可以参见卡尔·施米特:《托马斯·霍布斯的国家理论中的利维坦，一个政治象征的意义和挫败》，汉堡-万兹贝克，Hanseatische Verlagsanstalt，1938年，页47。“霍布斯认为，国家建构的起点是对自然状态的恐惧，国家建构的目标和终点是文明国家状态所提供的保障。在自然状态中，任何人都可以杀死别人[……]，在‘文明的’国家状态中，所有国民的肉身存在安全都获得了保证。”

体单位的现代国家的前提[1]。可以说，核武器成了这一科技政治进程的“完结”。统治不再是人对人的关系，统治不再是布克哈特所说的一种“力量”[2]，统治本身成为一种潜在的死亡状态，而匿名的人民群众就是其具有生命力的外在形式。

根据您的分析，终结这一状态之所以如此困难，原因在于新时代的独特辩证法，当今世界一切的权力问题都与其相关：鉴于技术本身的固有

---

[1] [德文版注]参见黑格尔：《历史哲学讲座》，法兰克福，Suhrkamp，1986年，页480—481。黑格尔将“火药”赞誉为“从肉体暴力中解放、实现阶层平等的主要工具”，“唯有通过这一工具才可能产生更高的自由，以及不带个人激情的勇敢，因为在使用火药型武器时通常都会向内射击，这时面向的是一个抽象的敌人，而不是具体的人”。还可以参见卡尔·施米特：《大地的法》，页299。

[2] [德文版注]科泽莱克在此指涉的可能是雅各布·布克哈特在其遗著《世界历史沉思录》（1905）中关于三大力量之一的“国家”（此外还有“宗教”和“文化”）的论述，有一处是这么说的：“关于某个民族特性的政治性概括就是一个国家的起源。只有当这个国家从暴力转化为力量时，它的生存能力才能得以证实。”引自鲁道夫·施塔德曼编，普夫林根，Neske，1949，页60。

特性，权力虽然还掌握在人的手中，却与具体的人拉开了距离。于是，“究竟谁在统治？”这一问题就变得至关重要。

您追溯到基督教教义中教宗圣额我略关于权力的宣告[1]，我以一种独特的半欣慰半怀疑的态度阅读了这一部分。布克哈特也相信，每个人所享有的秩序都有落差，正如他们与生俱来所拥有的权力一样。这一确定性在基督教神学范畴内（也就是说，从非社会学和反历史主义的层面）可以被维系，因为可以将偏离秩序理解为人类罪性的一种的现象。在现代历史哲学背景下，这种确定性则转变成一张面向未来的空头支票：假如秩序在今天并未出现，那么它必然“因此”在明天到来。为了摆脱这种托词，就有必要在关于权力的问题之后，继而提出关于通往当权者之路的问

[1] [德文版注]施米特在《关于权力的对话》中将教宗额我略一世关于权力的看法的转变（“唯独权力的意志可能是恶的，但权力本身永远是善的”），与布克哈特关于权力的看法（“权力本身是恶的”），以及现代的“权力的人化”对应起来。参见卡尔·施米特：《关于权力的对话》，普夫林根，Neske，1953，页21-23。

题，并且，人们根据您的论断甚至还有可能做出荒谬的补充，说通往“当权者”之路就是通往权力之路。

根据您的提示，解决该问题的关键似乎在于，如何在负责地参与权力时维护好与权力代表之间的正确关系。假如能兼顾两者，即两者都能获得满足时，那么在力所能及之处就无疑可以阻挡危险的根源，危险即源自直接与间接权力之间的永恒辩证关系。

如何才能在当今世界政治舞台摆脱这种辩证关系？世界两大强国因着它们的技术发展，无须施行政治统治就成了实际上的统治者。它们通过技术潜力的自重来施行统治。它们的统治不再是大不列颠帝国曾经展示给人们的那些政治功绩，而成了它们拥有的权力的附属产物。只要它们还未意识到，自己作为各自权力机构的抽象执行者陷入了怎样的一种特有的无能中，那么它们从“统治”中获得的万丈雄心就必然是虚伪的。

由此就提出了这个“亘古”的问题：是否能以这样的方式来表达和描述在欧洲大陆依旧隐藏

着的那种权力，即世界强国的间接延续被归结为适宜于它们的群众？

在这样的语境下，我想提醒教授您关注几位美国作家，他们的共同意图就是将美国从欧洲内战的概念体系中解放出来，由此明确历史和政治术语中独特的美国性。这种意图显然具有孤立主义倾向，即使他们说出口的目标不过是澄清阵营而已。

倘若这类认识能获得政治表达（在东方世界好像出现了类似的可能），就能取得许多成就。这些作家的名字是：博尔斯汀（Daniel J. Boorstin）的《美国政治的天才》（*The Genius of American Politics*），芝加哥，1953；哈佛的哈尔兹（Louis Hartz），参见一篇名为《美国政治思想和美国革命》（*American Political Thought and the American Revolution*）的论文，载《美国政治科学评论》46辑/2，1952年6月，那里还有其他提示；还有H.N.史密斯（Henry Nash Smith）的《处女地，作为象征与神话的美国西部》（*Virgin Land. The American West as Symbol and Myth*），哈佛大学出版社，1950，内含重要资料。

库恩教授要求我把博士论文修改成出版稿，最终作为一篇海德堡大学的论文来出版。他在驳斥我的过程中提出了两点至关重要的修改建议。第一，我必须更精确化自己的分析，不可提到例如“资产者”这类会引起质疑的概念，而应具体说明资产阶级知识分子的角色和“精神性”。第二，他驳斥了我对“二元论”这一概念的使用。他认为，这个概念要归属到宗教史，不适用于18世纪（恰好是非二元论的）极权主义倾向。我还没琢磨出该如何避免或替换这个概念，但不管怎么样，我都必须严谨地分析18世纪（道德上的）二元论究竟是什么，究竟意味着什么。我希望到圣诞节之前可以完成修改。

我想在假期回德国，如果届时能容我拜访您，尊敬的教授先生，我将感激不尽。无论如何，我会取道多特蒙德去汉诺威。

随信附上一篇简短的评论，以及一首我在课

堂上读到的特拉克尔诗歌的铅版复印件[1]，想必您很熟悉这首诗。

致以诚挚的问候，也请问候阿尼玛

您忠诚的

莱因哈特·科泽莱克

[1] [德文版注]指格奥尔格·特拉克尔的诗《卡斯帕·豪泽尔之歌》（1913）。

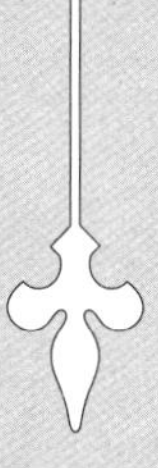

PROLOGUE

《对话集》西班牙文版序言

（马德里，1962）

君特·马施克（Günter Maschke）由西班牙文译为德文

[德译者按]

1961年，卡尔·施米特在距离圣地亚哥-德孔波斯特拉（Santiago de Compostela）不远处度过夏天，此地隶属加利西亚（Galizien）自治区，施米特的独生女阿尼玛·施米特·德·奥泰罗（Anima Schmitt de Otero, 1931—1988）就住在这里。其间，他为《对话集》这本小册子撰写了一篇短序，该书于1962年由“政治学研究院”在其“公民”系列中出版（马德里，共99页）。该书及另外几篇施米特的文章都由他女儿翻译，书中包含了《关于新空间的对话》以及《关于权力的对话》。这两篇对话都在不久前由学院出版社再版，并附有格尔特·吉斯勒（1940—）撰写的后记（柏林，1994年，共70页）。

《关于新空间的对话》一篇重新收录于我

选编的1916—1969年施米特文集《国家—大空间—秩序》（*Staat-Großraum-Nomos*）一书中（柏林，Duncker & Humblot，1995年，XXX—668页，对话见页552—572），其中还包括许多注释，以及关于施米特挚友，西班牙国际法学家卡米洛·巴西亚·特雷勒斯（Camilo Barcia Trelles，1888—1977）作品的论述。《关于权力的对话》一篇，则由皮特·托米森在该书中讲解，见页169—176。

接下来的这段文字是否为施米特先用德语写下来，再由他女儿翻译成西班牙语的，或是他与女儿共同翻译完成的，或是施米特直接用西班牙语写成的（这也极有可能），至今无从知悉。

君特·马施克

那位著名的古典技术大师，叙拉古的阿基米德认为，如果有人给他一个可到达的点，一个支点，他就可以撬动宇宙。现代的阿基米德则以另一种方式行事。今天的物理学家和技术专家探究宇宙，但在此过程中，他们却既不寻找阿基米德的支点，甚至也不需要这样一个支点。他们开辟出不可测量的全新空间，并由此挣脱了地球以及人类的所有标准与界限。

——尽管如此，事实上他们依旧使用了一个阿基米德的支点：他们服务于特定的政治权力，尤其是美国和苏联。决定如今的物理学家、技术专家及宇航员职业生涯的关键是，谁将掌控这些不可测量的全新空间。简而言之，这纯粹是一个权力问题。直至今日，现代阿基米德那些令人震惊的发现和发明，都主要用于解决政治权力问题。

——空间与权力也是我们对话的主题。它们能使我们的注意力从脱离现实的幻象转回我们的星球。第一篇《关于新空间的对话》是在一位约六十岁的、有些老派的严肃历史学家与一位接受过经典自然科学教育的五十岁中年男子之间进行的。对话开始时，其基调平和、略显啰唆，还讨论到了一些神学问题。但很快，对话双方就被一个名叫麦克·未来（Mac Future）的北美年轻人彻底碾压了。麦克·未来认为，这个地球早就太狭小了，他希望，美洲大陆的发现及其工业化进程能在宇宙维度上继续下去。

第二篇《关于权力的对话》是在一位经验丰富的老者与一个涉世未深的大学生之间进行的。对话涉及艰深的权力问题，由于现代权力手段的无限升级，该问题变得越来越艰难，越来越神秘。大学生的提问或多或少展现出一些智慧，老者的回答则巧妙而慎重。这并不是一篇柏拉图式的对话：这个大学生并非现代的阿基米德，这位老者也不是现代的苏格拉底。老者对形而上的推理充满戒备，让自己的叙述局限于纯粹描绘每种权力的内在辩证法。如今，许多关于权力的文章中都流行“魔性的”（dämonisch）一词，但我们的对话中没有出现。

——抉择与判断应该留给读者。1961年夏天，我在加利西亚西海岸一处宁静的河口，为西班牙语版的《对话集》写下这篇序言。报纸、电台、电视，所有这些被现代社会学称为“大众传媒”的介体，全都充斥着报道俄罗斯和美国宇航员最新伟大壮举的新闻。然而任何一种大众传媒所赋予的荣光，却依旧是混沌的。人类的伟大与尊严并不是由赢取诺贝尔奖的可能性来衡量的。人类现在是，将来也一直会是地球之子。面对自动化操作及其带来的劳动力过剩，这些对话与所有乌托邦式的预想形成对立，旨在保持一种审慎清醒的态度，旨在面对极具欺骗性的“波将金号”式世界，依旧能指出人类与地球的现实。

卡尔·施米特

巴拉纳，博伊罗（拉科鲁尼亚）

1961年8月

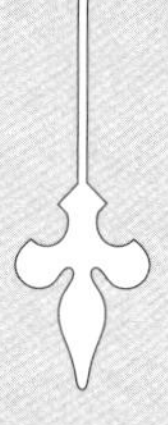

NACHWORT

后　记

格尔特·吉斯勒（Gerd Giesler）著

在其漫长的一生中，卡尔·施米特致力于对权力的思考、施行与体验。这从其教授资格论文开始就可见一斑：《国家的价值与个体的意义》（Der Wert des Staates und die Bedeutung des Einzelnen）[1]。他在这篇深奥的论文中从法的权力基础出发，也涉及了另一个基础，即权力也需要以法为必要前提，才能设立法制作为政治秩序。在施米特最后发表的《合法的世界革命——政治的剩余价值作为法学合法性与超合法性的奖赏》（Die legale Weltrevolution — Politischer Mehrwert als Prämie auf juristische Legalität

[1] 第一版于1914年在图宾根出版，第三版于2015年在柏林出版。卡尔·施米特将该书第一章作为论文单独抽出，以《权利与权力》为标题在《大全》季刊上发表，弗兰茨·布莱编，德累斯顿附近的海勒劳，第一季（1917），页37—52。

und Superlegalität)[1]中，他再次回到此前一个十分精辟的表述，即对合法占有国家权力不可避免地进行奖赏[2]，因此即使在今天，为了掌握工业发展团体的国家权力，世界革命被迫以合法形式进行，而被攻击群体的合法权力立场依旧可能使世界革命受到阻碍。凭借他作为法学学者的志业、他的政治学术生涯，尤其是他的智性能力——静观现象，“从材料本身出发去思考”，然后进行抽象化把握的能力[3]，卡尔·施米特就权力及施行权力的问题所进行的精准描述，在20世纪鲜有人能与之匹敌。

从1915到1919年，卡尔·施米特担任巴伐利亚第

[1] 载《国家》，第17辑（1978），页321—339。

[2] 施米特论述了以下三种奖赏，它们都意味着对遵循宪法的执行行动的普遍猜测：1. 对不确定概念及决断概念的具体解释及运用；2. 对解释之合法性的猜测；3. 在即使不确定是否符合法规的情况下，指令依旧得以实施。对于这三种奖赏，以及与其对立的在政治内部获得权力的同等机会，参见卡尔·施米特，《合法性与正当性》，柏林，1932；再版载《1924至1954年间宪法学文集》，柏林，1958，页263—350，此处引页288—289。

[3] 《关于游击队的对话——卡尔·施米特与约阿希姆·希克尔》，载《游击战，游击队：理论与实践》，导论撰写及编辑：约阿希姆·希克尔，慕尼黑，1970，页9—29，此处引页11。

一军团的副总司令，他在P6部门负责监督和平运动，以及印刷品的引入、输出和没收等事务。施米特与战争部审查机构关系密切，这从他反对一些著名和平主义作家的战略措施中可以反映出来[1]。这类大型军事机关的总指挥官掌握执行权，施米特以此经验为基础，1916年为他在斯特拉斯堡大学获得教授资格而进行的试讲讲座选择了相关主题，讨论战争状态如何对正常的刑事诉讼过程产生影响。这是一个关于权力、关于军事统治者拥有的权力之界限的问题[2]。

施米特在职期间，经历了巴伐利亚君主制度的突然解体，经历了1919年巴伐利亚苏维埃共和国的拥护者与德国国防军之间的内战，以及最终在慕尼黑城市司令部所发生的焦点事件。此外，俄国的十月革命也给他留下了深刻的印象。他将这些经验与自己对主

[1] 《卡尔·施米特——1915至1919年的军事时期，1916年2月至12月日记、文章及材料》，编辑：恩斯特·胡斯默特、格尔特·吉斯勒，柏林，2005，页6—8，183—185；关于对和平主义者威廉·赫尔佐格的监督，以及施米特对其行为的立场，参见页82—83。

[2] 卡尔·施米特,《战争状态对正常刑事诉讼过程的影响》，载《整体刑法学期刊》，第38辑（1916），页783—797；重印载《卡尔·施米特——军事时期》，页418—429。

权概念自宗教战争以来的思想史研究结合起来，完成了第一部系统理论著作《论专政：从现代主权思想的开端到无产者的阶级斗争》（*Die Diktatur. Von den Anfängen des modernen Souveränitätsgedankens bis zum proletarischen Klassenkampf*）。在这本书中，他已经涉及了例外状态、来自人民制宪权（pouvoir constituant）的力量这些重大主题。[1]

在魏玛共和国时期，施米特通过他对帝国总统权限的阐释而闻名。根据魏玛帝国宪法第48条第二款的规定，帝国总统在危机时期可以凭借所谓的独裁全权，无须议会的干涉就宣布代替法律的紧急命令[2]。当施米特于1932年9月在帝国总理周围安排紧急状态计划时，他就直接靠近了政治权力的中心。根据第48

---

[1] 卡尔·施米特，《论专政》，第一版，慕尼黑、莱比锡，1921；第二版扩展版，慕尼黑、莱比锡，1927；第三版，柏林，1964，此处引页137。

[2] 卡尔·施米特，《紧急命令的国家法学意义，尤论其法律有效性》，载《紧急命令与公共管理》，施派特和林德工业出版社，柏林，1931，页1—27；重印载《宪法学文集》，页236—262；卡尔·施米特，《合法性与正当性》，页319—350。米歇尔·施托莱斯，《德国公共法历史》，第三卷《魏玛共和国与国家社会主义》，慕尼黑，2002，页114—116；克里斯托夫·穆勒斯，《国家作为论点》，慕尼黑，2000，页72—76。

条，该紧急状态计划通过允许政府在帝国议会处于瘫痪状态而被关闭的情况下直接进行行动，这就应该防止希特勒接管政权[1]。

施米特从20世纪20年代末开始就指出，通过技术的发展，武器、交通、信息技术会提升国家的权力手段。对于他而言，大众民主制中最关键的现代国家权力工具，首先是如何掌握影响公众舆论的方法，这对于公众意志与共识的形成而言不可或缺。此外，他将现代国家的发展寄托于国民经济、国民收入的构成与分配，以及如何制定一个与之相联的运转良好的经济进程。他在1933年初这样总结道，政治权力是实施有效的经济计划之不可或缺的前提，而不是反之，由计划来建立统治。[2]

在阿道夫·希特勒被任命为帝国总理以及通过《授权法》之后，施米特也做好了参与新政府并影响权力周边的准备。他参与起草终结了各州主权的帝国

[1] 沃尔夫拉姆·皮塔、加布里埃尔·塞伯尔特，《卡尔·施米特日记所映射出的魏玛共和国国家危机》，载《国家》，第38辑（1999），页423—448。

[2] 卡尔·施米特，《现代国家的权力状况》，载《德意志国民性》，1933年3月15日，页225—230；重印载《宪法学文集》，页367—371。

临时总督法以及普鲁士城镇制度法。有三年时间，他在党内地位显赫，叱咤风云，曾担任普鲁士国事顾问、德国国家社会主义法学家联盟（BNSDJ）帝国高校教师专业分会主席、德国法学院院士，也是多本重要期刊及多个丛书的出版人[1]。

在被纳粹党卫军剥夺了党内权力之后，他致力于研究托马斯·霍布斯的《利维坦》及其理性国家权力概念。根据霍布斯，理性国家权力负责保护臣服于国家之下的民众的安全。对施米特而言，保护与臣服之间的关系是理解霍布斯国家建构的关键点。如果这种保护终止了，臣服也将消失[2]。国家对危险的政治性承接遭到间接权力的威胁，间接权力“会使国家命令与政治危险、权力与责任、保护与臣服之间的明确一致性变得晦暗。这种统治虽然是间接的，其强度却丝毫不减，但它不再承担责任，因而间接权力就将掌控一

---

[1] 赫尔姆特·夸利奇，《卡尔·施米特的立场与概念》，第三版，柏林，1995，页83—120；施托莱斯，页323；莱恩哈特·梅林，《卡尔·施米特传记：上升与陨落》，慕尼黑，2009，页319—357。

[2] 《托马斯·霍布斯国家理论中的利维坦：一个政治象征的意义与失败》，汉堡，1938，第五版，斯图加特，2016，页113。

切优势，却无须承担政治权力的危险”[1]。

广播谈话

施米特被剥夺大学教职后，又先后经历了关押在战俘营的岁月以及1947年的纽伦堡审判，此后便回到故乡普莱腾堡。他立刻开始尝试重新拓展并建立与学者、记者之间的联系[2]。他在1951年与黑森广播电台取得联系，于6月19日晚与瓦尔特·瓦纳赫（Walter Warnach）进行了一场关于历史哲学的广播对谈。此后，当广播电台为一档名为“晚间工作室”（Abendstudio）的节目寻找有趣的主题时，编辑海因茨·弗里德里希（Heinz Friedrich）通过阿尔弗雷德·安德尔施（Alfred Andersch）的介绍与施米特取得联系。两人讨论后提出，可以找一位同时代人作为持反对意见者，围绕权力这一主题进行一次对谈。[3]

[1] 《托马斯·霍布斯国家理论中的利维坦》，页117。

[2] 狄尔克·范·拉克，《沉默的安全中的对话：联邦共和国初期的政治精神史中的卡尔·施米特》，柏林，第一版，1993；第二版，2002，页42—69。

[3] 皮特·托米森，《卡尔·施米特学术生平的新基石》，（转下页）

早在1947年，施米特在纽伦堡审判的取证阶段，就曾在司法监狱中就询问人罗伯特·坎普纳（Robert Kempner）关于"帝国部长与德国总理府领袖的立场"问题从国家法角度进行过书面回答，同时详细描述过"被极端联合后掌握在希特勒手中的所有权力"以及关于通往当权者之路的问题。[1] 施米特将此次电台对谈以及之后的成书视为自己在纽伦堡时期思想的延续[2]，另一方面也基于自己在过去十年中的经历与体验，尤其是1945到1947年间身陷囹圄时处于无权状态时的经验。[3]

（接上页）载《施米特年鉴》第5辑，柏林，1996，第四段，《关于权力的对话》，页169—176，此处引自页170—171。在自传中，海因茨·弗里德里希讨论了阿尔弗雷德·安德尔施与卡尔·施米特之间的对谈，而没有谈及《关于权力的对话》如何诞生，见海因茨·弗里德里希，《学会的志业：无人，20世纪回忆录》，慕尼黑，2006，页339；梅林，《施米特传记》，页498—500。

[1] 卡尔·施米特，《纽伦堡问答》，赫尔姆特·夸利奇编辑及评注，柏林，2000，页92—101，125—128。

[2] 卡尔·施米特，《通往当权者之路：宪法学中的一个核心问题》，载《宪法学文集》，页430—439。

[3] 卡尔·施米特，《在被掳中获救》，科隆，1950，其中《囹圄中的智慧》一文，页79—91，《六十年代之歌》一诗，页92—93。

作为合适的对谈候选人，人们首先想到的是法国政治学家雷蒙·阿隆（Raymond Aron），然而他因为要去莫斯科旅行而拒绝了邀请。随后又先后考虑了社会学家赫尔穆特·谢尔斯基（Helmut Schelsky）以及哲学家阿尔诺德·盖伦（Arnold Gehlen），但两人都未给予完全肯定的答复。于是施米特就建议独自撰写一份以对话形式讨论该主题的稿件。[1] 弗里德里希同意了施米特的建议，并在1954年5月31日的信中给出了具体的预先设定（播出时间为一个小时，手稿篇幅为打字机稿纸1.5倍行距22到24页，一周内交稿）[2]。施米特于6月8日寄去了稿件，并备注道："就目前来看，这次对谈是一种思想游戏，它围绕着道德思考与辩证思考之间的对立进行。对谈者X代表着道德的立足点，他总是立刻进行价值判断，而不是去思索一番……与像盖伦这样具有原创性的重要思想家进行为时一小时的公开对谈，这永远是一场冒险。假如对谈双方在一小时之内都能进入一场真正的对谈，而且第三方也能理解对谈的内容，这将纯粹是运气。我本来

[1] 托米森，《新基石》，页171—172。

[2] 参考施米特遗物中的信件，北莱茵-威斯特法伦州立档案馆，杜塞尔多夫总档案馆，RW 265-4474。

特别期待和谢尔斯基对谈，因为他是个杰出的霍布斯专家。倘若那样，我们可能就会围绕霍布斯的思想和表述展开讨论了。但那样或许就太学术太专业了。因此，我向您友好地推荐随信附上的这位X先生。”[1]

这次对谈以“权力的准则”为标题，在1954年6月22日播出。施米特6月23日写信给黑森广播电台文化节目晚间编辑部，表示感谢：“法兰克福的信号在绍尔兰地区常常不太稳定，但昨天的播送却接收良好。我想向编辑部以及两位播音员致以诚挚的感谢，感谢各位如此出色地复述并阐读了这场对谈。对谈的整体意义与意图，以及所有的重要细节都展现得非常到位。在几处地方，连我自己也被这次对谈的力量与深度所打动了。”[2] 1954年11月22日，西北德广播电台第一套在22:10以“权力——永远如此危险，从未如此隐蔽。国家法学学者卡尔·施米特论权力的准则”为标题重播了这次节目。[3]

节目播出后反响异常热烈。弗里德海姆·坎普

[1] 施米特遗物中的信件副本，手稿编号：RW 265-13134。

[2] 施米特遗物中的信件副本，手稿编号：RW 265-13522。

[3] 托米森，《新基石》，页173。

（Friedhelm Kemp）是一位在文学和广播界经验丰富的专业人士，也是一名出版社编辑，他称这次对谈“作为一场有声思想游戏，几乎完美”[1]。施米特的独女阿尼玛·施米特（Anima Schmitt）当时正在海德堡大学读书，她在1954年6月24日给她父亲的信中生动地描述道：“亲爱的爸爸，周二晚上我在福斯特霍夫（Forsthoff）那里听了关于权力的对话。此前就有各方面典范式的宣传，但海德堡多位教授与他们的太太由于在技术上还很不擅长与广播打交道，因此这些宣传很遗憾地没有达到预期的效果。由于雷暴雨临近，广播的接收情况受到了一点影响，但还是完全能听得清楚。两位播音员也都很好地根据文字意思，以正确的速度朗读了这场对谈。唯有几处插科打诨似乎毫无必要，很可惜它们并没有达到反讽或点题的作用。”[2] 对谈在秋天重播之际，福斯特霍夫在11月2日的一封信中这样写道：“这次对话再次让人热情高涨。

[1] 卡尔·施米特，《与一个学生的通信集》，阿尔敏·莫勒协同伊尔姆加特·胡恩、皮特·托米森编，柏林，1995，1954年9月7日的信，页180。

[2] 这封由打字机打出的两页长的信现存施米特遗物档案馆，手稿编号：RW 265-12752。

它将在本世纪获得与兰克（Ranke）的政治学对话同等的意义，后者发生在上世纪进入魏玛时代时。”[1]

在一封给恩斯特·荣格尔的信中，卡尔·施米特谈到了通过技术保存手段记录对话的真实性（见本书第68页）。[2]

成书

施米特通过荣格尔认识了出版商君特·奈斯克（Günther Neske），后者在广播节目播出后马上表示出将手稿出版成书的兴趣。施米特一开始并未下定决心，例如他在1954年6月25日的信中称：“我还没决定，虽然干扰一下这个话题领域的大地主对我来说

[1] 恩斯特·福斯特霍夫、卡尔·施米特：《1926至1974年通信集》，多萝蒂·穆斯格努克、莱因哈特·穆斯格努克、安吉拉·莱因塔尔、格尔特·吉斯勒、约尔根·特洛格编，柏林，2007，1954年11月2日的信，页77。福斯特霍夫援引了列奥波德·封·兰克，《政治的对话》，载《历史政治期刊》，第2辑，1833—1836，页775—807；再版由弗里德里希·麦内克作序，慕尼黑，1924，柏林，2005。

[2] 恩斯特·荣格尔、卡尔·施米特：《1930至1983年通信集》，赫尔穆特·基泽尔编辑、评注及后记，斯图加特，1999，见1955年1月23日的信，页266；见原书页61—63。

有一定的诱惑性，例如瓜尔迪尼（Guardini）、莱因霍尔特·施耐德（Reinhold Schneider），又或者贝特朗·德·约弗内尔（Bertrand de Jouvenel）和古列尔莫·费勒罗（G. Ferrero）。”[1] 不过他很快就在7月初与出版商达成了一致。施米特在6月底就寄出了手稿，出版商则在7月3日表示感谢，并就具体的句子和装帧给出了建议。[2] 施米特在7月8日的回信中就书名、对谈者的称呼和扉页题辞做出了建议（见本书目录前，信件草稿图）[3]。与出版社的合同于7月24日签订，这部小作品

---

[1] 莫勒，《通信集》，1954年6月25日的信，页161。

[2] 施米特遗物中的信件，手稿编号：RW 265-10366。

[3] 施米特遗物中的手写信件手稿，手稿编号：RW 265-10367。这一卷中还有一些手写的补充，可能是施米特最后没有收录到手稿中去的，也可能是此后添加的。

① “权力是人类共存的一种浸出物，它可以在某个人类个体中落脚，如同一片雾云歇在一块土地上（或者：如同太阳从水中将雾气带走？），又如同碱液中的菌群。”

② “提出问题的权利，其实就是统治的权利。”

③ “最后汉泽尔提到我在《宪法学说》页214中的一句话：与秘密当权者通过工具进行的公开外交手段相比，公开当权者的秘密外交手段是无伤大雅的目标。”

④ “在帕斯卡那里已经出现过‘失去的上帝’，黑格尔1802年在《信仰与知识》一文（页433）中也引用过！”[这种感觉：上帝本身已经死了，（帕斯卡的表述只是用经验主义的方式说出同样的内容：自然就是在所有地方标记已经（转下页）

于1954年10月在书展上发布，并引起了轰动。[1]

对此施米特在信中这样汇报："法兰克福书展上出现了汉堡《时代报》的副刊编辑，某个我个人不太熟悉的保罗·胡纳菲尔德博士（Dr. Paul Hühnerfeld），他站在无辜的奈斯克展台边，威胁说要砸了展台，因为那里正在展出卡尔·施米特的新书——也就是那本关于权力的对话。我上周在法兰克福时，一个相熟的法兰克福书商向我描述了这一场景。"[2]

另一桩丑闻来自瑞士日报《行动》，该报刊登了一篇"百般奉承"（施米特言）的谈话，谈话出自与施米特长期相熟的外国编辑汉斯·弗莱格（Hans Fleig）。紧接着文学史家马克斯·吕希纳（Max Rychner）就对此

（接上页）失去的上帝，无论在人之内，还是在人之外）……]

⑤"一个当权的朋友就是一个业已失去的朋友。亨利·亚当斯的教育，剑桥，1927，页407。"

其中，②③④这三项补充内容是以卡尔·施米特最典型的加伯斯堡速记法记录的，为此感谢汉斯·吉布哈特帮忙转译。

[1] 莫勒，《通信集》，1954年9月30日的信，页178；汉斯·施耐德教授把施米特带到了法兰克福书展上。

[2] 莫勒，《通信集》，1954年11月13日的信，页182。奈斯克在10月20日致施米特的一封信中也描述了该事件（见施米特遗物，手稿编号：RW 265-10373）。

激烈抨击。[1]

在这样的背景下，我们就能理解为什么当权力的对话在西北德广播电台重播时，身兼记者的艺术史学家卡尔·林费尔特（Carl Linfert）在节目的开场白中会说“仿佛我们现在即将听到的是已被上帝禁止的内容”[2]，这听上去与施米特的报道十分相符。

这场对话获得的评价大部分是正面的，例如，公法学家乌尔利希·肖纳尔（Ulrich Scheuner）这样评价：“我觉得这是作者继《政治的概念》之后最有力的一部作品。”[3] 埃伯哈特·封·费彻（Eberhard von Vietsch）认为，施米特在这本薄薄的小册子中就权力问题的阐述从本质上来说比英国国际法法学家乔治·施瓦岑贝尔格（Georg Schwarzenberger）的论述

[1] 福斯特霍夫、施米特：《通信集》，1954年11月19日，页78；莫勒，《通信集》，1954年11月27日的信，页183。

[2] 托米森，《新基石》，页173。林费尔特与安德尔施、弗里德里希以及什琴斯尼一样，都是联邦德国早期夜间电台节目最具影响力的编辑。他对瓦尔特·本雅明关于艺术品的文章产生过影响，见霍尔斯特·布莱德坎普，《作为反图像的建筑标记》，载《历史与美学》，韦尔纳·布什的纪念文集，慕尼黑、柏林，2004，页548—549。

[3] 乌尔利希·肖纳尔，《历史政治之书》，第三卷（1955），页103—104。

更尖锐、更精确，后者一部里程碑式的作品当时刚刚出版了德译本。[1]

施米特也从一些通信中获得了反馈[2]。例如，荣格尔在1954年12月17日的信中说，对话中特别触动他的一点是："权力会变形或过分提升至一个匿名的级别。这点会导致两种可能的结论：其一是比较容易理解的，就是恰恰当权力被视为人与人之间的关系的那个瞬间，它也被标识为恶的；其二是，是否可以形象地为这一匿名的庞然大物命名，或许这种命名中存在着某种可能的、有益的解决方案。"（见本书第58—59页）[3]

记者玛格丽特·伯法利（Margret Boveri）在1954年10月21日写道："现在谈谈您的《关于权力的对话》。

---

[1] 埃伯哈特·封·费彻，《新教的文学观察者》，1955年8月，页373—374。格奥尔格·施瓦岑贝尔格，《权力政治，关于国际社会的一份研究》，图宾根，1955，第11卷，页504。施米特曾在《历史政治之书》，第三卷（1955），页529中谈论过这本书。

[2] 在施米特遗物中存有此处引用的论及《关于权力的对话》的其他几封信，其中包括泰奥多·贝斯特、鲁尔夫·辛德尔、阿恩特·莫尔克、赫伯特·奈特、弗雷达·莱辛贝尔格、格奥尔格·封、施尼茨勒、埃贡·维塔、弗里德里希·弗尔维尔克、汉斯·岑赫。

[3] 恩斯特·荣格尔、卡尔·施米特：《通信集》，1954年12月17日的信，页263—265。

我在一次火车途中一下子就读完了……最吸引我的地方是您就权力的前置场进行的论述。我自己就搜集了无数相关的例证，它们从所谓‘厨房内阁’对罗斯福政策的影响，直到班贝格行政长官的办公厅……不过，您的对谈中有一点我无法苟同：您说您自己是无权者。但倘若有人能像您这样思考，并将所思所想像您这样通过文字表述出来，那他就是有权力的。我认为这就是权力的一种形式，您却没有论述到权力的这种形式。”[1]

尼古拉斯·松巴特（Nicolaus Sombart）在1954年8月10日的信中仔细研究了这篇关于权力的对话，并指出其问题：“究竟谁有权谈论权力？您想让听众相信，这是一个雄辩术问题，但您大错特错了！虽然您回答这个问题时显得那么虚假，但这个问题背后的确隐藏了一切关于权力的哲学思考中最棘手的问题，也就是，拥有权力的人根据其定义就根本不会谈论权力。”[2]

帝国总理海因里希·布吕宁（Heinrich Brüning）

---

[1] 克里斯蒂安·提利茨基，玛格丽特·伯法利和卡尔·施米特：《松散的通信集》，载《施米特年鉴》第七卷，皮特·托米森编，柏林，2001，页281—308，此处引页249—250。

[2] 施米特、松巴特，《卡尔·施米特与尼古拉斯、科利娜以及韦尔纳·松巴特之间的通信集》，马丁·蒂尔克、格尔特·吉斯勒编，柏林，2013，页61—63。

在1955年3月5日给施米特的信中这样写道："尊敬的同事！衷心感谢您寄来《关于权力的对话》，实在是极其有趣又充满思想的研究。我满怀兴趣地通读了此书。通往当权者之路的问题是政治中最大的难题。倘若不够坚定地固守几个时代以来的经验基础，那这个问题也将依旧无解。"[1]

《关于权力的对话》出版后半年，施米特在1955年4月13日致《明镜周刊》编辑鲁道夫·奥格施泰恩（Rudolf Augstein）的信中，针对后者在1954年9月24日的一封致谢信中的评论（说这本小册子对于一般读者来说显然过于"高深"了）这样写道："我依旧觉得有些生气，您竟没认识到《关于权力的对话》的巨大现实性。在占领国直接掌权的地方，关于通往当权者之路以及当权者的前置场的问题就变得如此荒诞离奇，正如同您在关于孔拉茨罗伊特的文章中所描述的。有庞杂的文献讨论'权力'问题，从哲学、神学、历史、社会学等各种角度。但迄今为止谁也没有找到这个简单的关键：通往当权者之路的问题。您在信中对我说，大众阶层不能理解这一点？每个速记打字员，每个门厅守卫都理解这一点。又及：如今甚至应该在兵役法

[1] 该信印在福斯特霍夫与施米特的《通信集》中，页413。

中确定‘直接报告的权利’！究竟是否存在间接报告的权利？这是关于通往权力顶层的好问题！而您却觉得关于权力的对谈不具现实性！！请您原谅这位无所不知却并非自以为是的老者的附言！”[1]

《时代》丑闻

1954年7月29日的《时代》周报（第9年，第30辑）以《权力的前置场》为名刊载了6月22日播送的对谈中的大部分内容，并附上了编辑提示。主编理查德·屯格尔（Richard Tüngel）在刊出的选段前加上了以下评论："在联邦德国，伟大的德国公法学家卡尔·施米特是极受争议的。但即使是他的反对者，也应该倾听一下他极具洞察力的出色思考……如果此后有人还想就权力问题写些什么，必须先阅读施米特此文。"

[1] 施米特在1954年7月28日致奥格施泰恩的信中提到了正在印刷的这本新书；他还提到"我们1951年2月在波恩的第一次对谈"及对谈主题（权力本身是恶的还是善的？）。奥格施泰恩在1954年9月24日的回信中感谢这本小册子给他带来的变革，说自己很享受阅读的过程。这两封信都刊印于《卡尔·施米特与公众，与记者、新闻工作者以及出版人在1923至1983年间的通信集》，凯·布克哈特、格尔特·吉斯勒、斯蒂芬·克林斯编辑、评注及序言，柏林，2013，页136、142。

此次发表导致马里昂·多恩霍夫伯爵夫人（Marion Gräfin Dönhoff）在1954年8月离开了《时代》编辑部。当她负责接管报纸的政治板块时，原本是执照持有者和创始人的屯格尔则于1955年被停职、禁足。[1]

跋

简短记录一下这本小书此后的命运。第一版印数为3000册，装订了其中的2000册。出版商起初对销售情况还算满意——1954年售出810册，1955年售出260册，1956年至1960年售出330册，1961年至1967年售出265册。其余的书，包括未装订的1000册书芯，于1969年被作为废纸销毁。[2]

在施米特的多次急迫催促下，出版社终于将标题

---

[1] 福斯特霍夫、施米特，《通信集》，1954年11月19日的信，页78、407；莫勒，《通信集》，1955年6月2日的信，页200。关于《时代》编辑部成员的讨论，可以参见理查德·屯格尔、汉斯·鲁道尔夫·伯恩多夫，《零点时刻，占领国下的德国》，柏林，2004；《有一点忧伤，您的马里昂，马里昂·多恩霍夫伯爵夫人与格尔特·布切利乌斯，五十年的通信集》，豪格·封·库恩海姆、提奥·索默编，柏林，2003。

[2] 报告、账单及奈斯克1977年1月10日的信件，施米特遗物档案馆，手稿编号:RW 265-10382。

权归还给他。于是施米特授权该书的后记作者在1977年的法兰克福书展上与君特·奈斯克商议再版事宜。计划再版还会收录其他一些“对话”与文章，但该计划最终破产。[1] 1994年，学术出版社出版了第二版，并添入了《关于新空间的对话》（*Gespräch über den neuen Raum*）一文[2]，目前该版已售罄。

《关于权力的对话》已被翻译成多国语言，迄今为止已有西班牙语、法语、意大利语、匈牙利语、日

[1] 奈斯克1977年11月18日的信，施米特遗物档案馆，手稿编号：RW 265-10384；施米特1978年3月6日询问道：“假如您最终决定了相关的计划，请您告知。我几年前因《关于权力的对话》一书所经历的，以如今的高龄已无法再承受。而且我也不是海德格尔。”（信件手稿存施米特遗物档案馆，手稿编号：RW 265-13457）。

[2] 《关于新空间的对话》最早是在《国际法研究》上发表的，纪念卡米洛·巴西亚·特莱勒斯教授，孔波斯特拉的圣地亚哥大学，1958；根据遗物材料进行修改后再版于学术出版社，柏林，1994；后又载于施米特的文集《国家、大空间、秩序，1916至1969年论文集》，君特·马施克编辑、作序、评注，柏林，1995，页552—572。出版的书是基于黑森广播电台1955年8月12日的一次节目的手稿，标题为《陆地与海洋——陆地性存在与海洋性存在之对峙的政治意义，与卡尔·施米特的三人对谈》。

语及韩语译本出版。[1] 西班牙语译本由施米特的女儿阿尼玛·施米特·德·奥泰罗翻译，与《关于新空间的对话》一起以《对话集》为名出版，施米特在1961年8月为该书撰写了一篇序言：

> 这篇对话是在一位经验丰富的老者与一个涉世未深的大学生之间进行的。对话涉及艰深的权力问题，由于现代权力手段的无限升级，该问题变得越来越艰难，越来越神秘。大学生的提问或多或少展现出一些智慧，老者的回答则巧妙而慎重。这并不是一篇柏拉图式的对话：这个大学生并非现代的阿基米德，这位老者也不是现代的苏格拉底。老者对形而上的推理充满戒备，让自己的叙述局限于纯粹描绘每种权力的内在辩证法。如今，许多关于权力的文章中都流行“魔性的”（dämonisch）

[1] 关于译本的证明见阿兰·德贝诺斯特，《卡尔·施米特，一手及二手文献的国际书目》，格拉茨，2010，页67—69。

一词，但我们的对话中没有出现。[1]

克莱特-寇塔出版社（Klett-Cotta Verlag）出版的新版《关于权力的对话》基于君特·奈斯克出版社的第一版，同时考虑了在作者遗物手稿中出自作者本人的一些修改。[2]

---

[1] 翻译首先在*Revista de Estudios Politicos*第55卷第78号（1954）出版，页3—20；这篇首次以西班牙语出版的序言见《对话集》，马德里，1962。此后由君特·马施克翻译成德语，出版于皮特·托米森编写的《施米特年鉴》第五卷，柏林，1996，页21—22。

[2] 施米特遗物，手稿编号:RW 265-27455。那里还有一份用打字机打出的德语手稿，A4纸10页，分为7段。施米特手写下了这样的标题："La Natura del poder del hombre sobre otros hombres. Carl Schmitt."这份手稿一部分与出版的《关于权力的对话》书稿逐字逐句一致（见手稿编号:RW 265-2730）。在这份手稿中，施米特不仅做了修改，还添加了一些评注。在手写的大标题"成长—紧急状态"下，他还贴上了以下这段剪报：

> 公法学家卡尔·施米特的《关于权力的对话》一书在波恩销路紧俏。社民党主席候选人威利·勃朗特多次尝试在联邦议会图书馆外借此书未果。他最后一次尝试借这本书时被告知，联邦总理艾哈德刚刚读完该书。波恩，1965年9月4日。

人名索引

N

O

P

Q